田中良弘・宮森征司・髙塚尚和 編著

ケースで学ぶ
法律と死因究明
〔第２版〕

第2版はしがき

　本書は，新潟大学死因究明教育センターと新潟大学法学部が連携して開講するGコード科目（一般教養科目）「死因究明と法」のテキストとして刊行するものです。

　「死因究明と法」は，はじめの5週（週2コマ）に法学研究者と法曹実務家がオムニバス形式で「人の死が関わる法律問題」を考える上で必要な基礎知識について実務を踏まえた講義を行い，その後，法医学を専門とする高塚尚和・新潟大学死因究明教育センター長をゲストに招き，刑事法・民事法・行政法を専門とする各回の担当教員が一堂に会し，2週にかけて計4コマ（360分）のシンポジウムを行うものです。学生からも，特にシンポジウム回についての評価が高く，例年，法学部と医学部を中心に，文系・理系の垣根を超えて多くの学生から履修希望をいただいています。

　本テキストは，人の死が関わる法律問題を解決するにあたって死因究明が果たす役割を意識しつつ，司法の現場で必要とされる法律知識について，具体例を用いて，初学者にもわかりやすく執筆したものです。幸いにも好評を得て，このたび第2版を刊行することとなりました。すでに法律学や法医学を学んだ人にとっても，これから学ぶ人にとっても，有益なテキストだと考えています。ぜひ本書を手にとっていただきたいと思います。

　なお，初版に引き続き，第2版の刊行にあたっても，新潟大学死因究明教育センターの多大なご支援を賜るとともに，信山社の今井守氏にご尽力をいただきました。記して謝意を表します。

　2024年9月

編者を代表して

田中　良弘

iii

初版はしがき

　本書は，新潟大学死因究明教育センターと新潟大学法学部が連携して開講するＧコード科目（一般教養科目）「死因究明と法」のテキストとして刊行するものです。

　近年，学部教育においても，社会や実務を踏まえた教育が求められていますが，法学部で学ぶ刑事法や民事法の条文や判例・学説が実際の司法の現場でどのように使われているのかを学ぶ機会は少ないと思われます。また，法医学を学ぶ学生にとっては，自らの修得した知見が司法の現場でどのように活用されるか，あるいは，裁判手続の中で，法医学の知見を有しない法曹関係者や裁判員に，いかにして専門的知見から得られた結果を正確に伝えるかについて学ぶ機会は，より少ないように思われます。

　本書は，そのような学びの機会を提供するため，人の死が関わる法律問題（刑事事件・民事事件）を解決するにあたり死因究明が果たす役割を意識しつつ，司法の現場で必要とされる民事法および刑事法の知識について，法学研究者と法曹実務家が共同し，具体例を用いて，初学者にもわかりやすく執筆しました。

　すでに法律学や法医学を学んだ人にとっても，これから学ぶ人にとっても，有益なテキストだと考えています。ぜひ本書を手にとり，興味のある講から読み始めていただければ幸いです。

　なお，本書の刊行にあたっては，新潟大学死因究明教育センターに多大なご支援を賜るとともに，信山社の今井守氏にご尽力をいただきました。記して謝意を表したいと思います。

　2021年9月

編者を代表して

田中　良弘

初版の刊行によせて

新潟大学死因究明教育センター長　高塚 尚和

　新潟大学では平成29年に死因究明教育センターを開設し，「災害・脳・法律に精通した死因究明に携わる高度専門職業人養成プログラム」（文部科学省 国立大学運営費交付金）を実施しています。本プログラムでは死因究明等に関係する法律の知識を兼ね備えた高度専門職業人の養成を柱の一つとしており，今回，教材として，法学部と連携して，テキストブックを刊行することになりました。

　死因究明の現場等で求められる法律について，初学者でも理解できるようにわかりやすく解説されていますので，入門書としてご活用していただきたいと思います。

（たかつか　ひさかず）

新潟大学法学部長（当時）　渡辺 豊

　新潟大学法学部では，20年以上にわたり「法医学」の講義を医学部の協力を得て開講してきました。同時に，法学部スタッフによる医学部向けの講義も提供してきました。本書は，新潟大学死因究明教育センターと法学部の連携による教育・研究の成果の一つです。多様な視点から，死因究明に関する重要な法律上の問題を取り上げ，わかりやすく解説している点に本書の特徴があるといえます。本書刊行に際して編者・著者の皆様に敬意を表します。

　本書を通じて，法律や人の死が社会とどのような関わりを持つのかについて理解するきっかけになれば幸いです。

（わたなべ　ゆたか）

目　　次

はしがき　　　　　　　　　　　　　　　　　　　　　　　　iii

初版の刊行によせて　　　　　　　　　　　　　　　　　　　v

著者紹介　　　　　　　　　　　　　　　　　　　　　　　　x

第1章　導入編　　　　　　　　　　　　　　　　　　　　1

ガイダンス　　　　　　　　　　　　　　　　　　　　　　2

はじめに（2）　**I　本テキストの目標**（3）　**II　本テキストの内容**（4）
Column「本テキストの使用例」（5）　*Keyword*「事実認定」（7）

第1講　法律問題と死因究明　　　　　　　　　　　　　　8

> *Case 1*　相撲部屋の新弟子が救急搬送後に死亡した事例

> *Case 2*　一人暮らしの男性が部屋で死亡していた事例

はじめに（8）　**I　死因究明が問題となった事例**（9）　**II　法律問題
における死因究明の役割**（10）　*Column*「様々な『死』」（11）
Column「正当行為」（15）　**本講のポイント**（22）

章末コラム1「死因究明に必要なこと」　　　　　　　　23

第2章　基礎編　　　　　　　　　　　　　　　　　　　25

第2講　刑事責任と死因究明　　　　　　　　　　　　　26

> *Case 3*　遺族が刑事責任の追及を望んでいる事例

はじめに（26）　**I　刑法の意義・機能・特色**（28）　*Column*「刑法の
条文構造」（30）　**II　犯罪の意味と成立要件**（31）　*Column*「不作為
による犯罪」（31）　*Column*「既遂犯と未遂犯」（32）　*Column*「責任

能力の有無の判断」(34)　**Ⅲ　死因究明と深く関わる犯罪類型**（**36**）
Column「過失運転致死罪」(37)　*Column*「相当因果関係と危険の現実化」(41)　**本講のポイント**（**42**）

第3講　刑事手続と死因究明 ……………………………… 43

> *Case 4*　胸部にナイフが刺さった死体が発見された事例

> *Case 5*　Case4の被疑者が逮捕され起訴された事例

はじめに（**43**）　**Ⅰ　刑事手続の概要**（**44**）　*Column*「刑事手続に関するルール」(45)　*Column*「犯罪の疑いのある事件」(46)　*Keyword*「被疑者／被告人」(47)　*Column*「検察審査会による強制起訴」(49)　*Column*「当事者主義と職権主義」(52)　**Ⅱ　刑事手続の基本原則**（**53**）　**本講のポイント**（**63**）

第4講　民事責任と死因究明 ……………………………… 64

> *Case 6*　部分麻酔による手術を受けた患者が死亡した事例

はじめに（**64**）　*Column*「医療事故と医療過誤」(66)　**Ⅰ　不法行為責任**（**66**）　*Column*「相続欠格と死因究明」(67)　*Keyword*「診療契約」(69)　*Column*「過失責任主義」(70)　*Column*「医療訴訟の『副作用』」(71)　*Column*「救済対象としての自己決定」(73)　**Ⅱ　医療過誤訴訟**（**74**）　*Column*「医療訴訟の多様性」(75)　*Column*「診療ガイドライン」(80)　**本講のポイント**（**83**）

第5講　民事裁判と死因究明 ……………………………… 84

> *Case 7*　病院で治療中に死亡した患者の死因が不明な事例

はじめに（**84**）　**Ⅰ　民事裁判の目的**（**87**）　*Column*「法律要件と法律効果」(89)　**Ⅱ　民事裁判の基本原則**（**90**）　*Keyword*「立証責任」(92)　**Ⅲ　民事裁判の基本的な流れ**（**93**）　**本講のポイント**（**105**）

第6講 行政の責任と死因究明 106

> *Case 8* 死因究明をしないまま火葬がなされた事例

はじめに（106） **Ⅰ 死因究明に関する法制度の概要**（108）
Column「死因究明等推進基本法」（111） **Ⅱ 国家賠償制度の概要**
（112） *Column*「死因究明制度の課題」（118） **Ⅲ 損失補償・国家**
補償の谷間（119） **本講のポイント**（122）

章末コラム2「法医学者から見た法律の世界」 123

第3章 実践編 125

第7講 刑事事件における捜査活動と死因究明 126

> *Case 9* 防砂林で胸に刺創のある死体が発見された事例

はじめに（126） **Ⅰ 捜査における死因究明の役割**（128） *Column*「死
因究明なくして事案の真相解明なし」（132） **Ⅱ 捜査活動における死**
因究明（132） *Column*「検視の要領」（139） **本講のポイント**（141）

第8講 刑事裁判における事実認定と死因究明 142

> *Case10* 妻を殺したという自首の110番通報があった事例

> *Case11* 拳銃で頭を撃たれた死体の事件性が争われた事例

> *Case12* 包丁で被害者の首を刺した被告人が殺意を否認した事例

はじめに（142） **Ⅰ 事実認定とは何か**（143） *Column*「直接証拠
の証明力」（145） **Ⅱ 事件性の認定と死因究明**（149） **Ⅲ 殺意の認**
定と死因究明（154） *Column*「『殺意』と裁判員」（156） **本講のポ**
イント（163）

第9講 刑事裁判における立証活動と死因究明 164

> *Case13* 刑事裁判において被害者の死因が争点となった事例

はじめに（164） **Ⅰ 刑事手続における鑑定の役割**（165） *Column*

「精神鑑定」（166）　*Column*「足利事件と再鑑定」（168）　**Ⅱ　刑事手続における証人の役割と尋問の流れ（173）**　*Column*「ある証人尋問のケース」（180）　**本講のポイント（181）**

第10講　民事裁判における事実認定と死因究明 ……………　182

> *Case14*　冠状動脈バイパス手術後に病院で患者が死亡した事例

> *Case15*　認可外保育施設において乳児が死亡した事例

> *Case16*　誤診後に患者が死亡した事例①

> *Case17*　誤診後に患者が死亡した事例②

はじめに（182）　Ⅰ　民事裁判における過失の認定（183）　*Column*「結果回避措置を講ずべき法的義務がないケース」（187）　**Ⅱ　民事裁判における因果関係の認定（195）　本講のポイント（203）**

第11講　民事裁判における立証活動と死因究明 ……………　204

> *Case18*　*Case 7*の被害者遺族が民事裁判で争った事例

はじめに（204）　Ⅰ　民事裁判における立証活動（205）　Ⅱ　民事医療訴訟の具体的事例(213)　本講のポイント（218）

ix

著 者 紹 介

編 著 者

田中 良弘（一橋大学大学院法学研究科教授，弁護士）*
　　担当：ガイダンス，第1講，第2講，第8講

宮森 征司（新潟大学法学部准教授）
　　担当：第6講

高塚 尚和（新潟大学大学院医歯学総合研究科教授・
　　　　　　死因究明教育センター長）
　　担当：章末コラム1，章末コラム2

著　　者

稲田 隆司（新潟大学法学部教授）
　　担当：第3講

近藤 明彦（新潟大学法学部教授，弁護士）
　　担当：第10講

櫻井 香子（新潟大学法学部准教授，弁護士）
　　担当：第7講，第9講

橋口 祐介（甲南大学法学部准教授）*
　　担当：第4講

若槻 良宏（弁護士）*
　　担当：第5講，第11講

*元新潟大学法学部所属

第1章

導　入　編

第1章　導入編

ガイダンス

はじめに

　本テキストを手に取った読者の中には，法律問題は裁判官や弁護士が解決するもの，死因究明は法医学医が行うものと，両者を区別してイメージしている人がいるかもしれません。

　しかし，実際に「人の死が関わる法律問題」を解決するには，法曹関係者と法医学者等が密接に連携し，最終的には，裁判の場で証拠から死因を明らかにする必要があります。

　本テキストでは，人の死が関わる法律問題と死因究明の関係について，導入編・基礎編・実践編にわけて解説します。

本テキストの目標

① 死因究明と深く関連する基本的な法律の概要を知る。

② 法律問題を解決するにあたり，死因究明がどのような役割を果たすのかを知る。

③ 司法の現場において，死因究明に関連する手続がどのように行われるのかを知る。

ガイダンス

I　本テキストの目標

① 死因究明と深く関連する基本的な法律の概要を知る

　本テキストの第1の目標は，死因究明と深く関連する基本的な法律の概要を知ることです。

　法律問題には，罪を犯した者に刑罰を科す**刑事事件**と，私人間の法律関係に関する紛争である**民事事件**があります。本テキストでは，死因究明と深く関連する法律のうち，刑事事件に関わる基本的な法律として，犯罪や刑罰について定める**刑法**と，犯罪が疑われる事件の真相を明らかにして犯人に刑罰を科すための手続について定める**刑事訴訟法**の概要について学ぶとともに，民事事件に関わる基本的な法律として，私人間の基本的な法律関係について定める**民法**と，私人間の法律関係を確定させるための裁判手続について定める**民事訴訟法**の概要について学びます。

② 法律問題を解決するにあたり，死因究明がどのような役割を果たすのかを知る

　本テキストの第2の目標は，人の死が関わる法律問題を解決するにあたり，死因究明が果たす役割を知ることです。例えば，殺人事件の場合，被害者がどのような原因で死亡したのかを解明することは，**犯行の態様や動機**などを解明する上で，とても重要な役割を果たします。また，民事上の**損害賠償責任**の有無や程度を判断するにあたっても，死因究明が重要な役割を果たします。

　本テキストでは，具体的な事例を題材に，人の死が関わる様々な法律問題における死因究明の役割について学びます。

第1章　導入編

③ 司法の現場において，死因究明に関連する手続がどのように行われるのかを知る

本テキストの第3の目標は，司法の現場において，死因究明に関連する手続がどのように行われるのかを知ることです。

刑事事件・民事事件のいずれについても，司法手続においては，法律に基づいた慎重な手続が行なわれます。そのため，死因究明に携わる関係者は，裁判における**立証活動**を念頭において，業務を行う必要があります。

本テキストでは，司法の現場において，死因究明に関連する手続がどのように行われるのかについて学びます。

II　本テキストの内容

以上の3つの目標を達成するため，本テキストでは，法律学を専門とする研究者および法曹実務家（弁護士）が，死因究明が重要となる法律問題について，導入編（第1講），基礎編（第2講〜第6講），実践編（第7講〜第11講）にわけて解説します。

各講は密接に関連しますが，個別に執筆されているため，興味のある講から読んでいただいても問題ありません。例えば，既に刑法・刑事訴訟法や民法・民事訴訟法について十分に知っている読者は，導入編の後，基礎編を飛ばして実践編から読んでいただいても構いませんし，また，刑事事件にとても興味があるという読者や，逆に民事事件にしか興味がないという読者は，導入編や実践編の刑事事件に関する部分だけ，あるいは民事事件に関する部分だけ，という読み方をしていただいても大丈夫です。

ガイダンス

Column 本テキストの使用例

　新潟大学では，本テキストを一般教養科目「死因究明と法」で用いていますが，本テキストの初版刊行後，医学部生や経済学部生など，これまで法律を学んだことのない学生が履修生の大部分を占めるようになりました。

　そこで，近年では，法律学の知識を有していない学生にも興味を持ってもらうことを意識しつつ，基礎編・実践編について講義をした上で，シンポジウムにおいて，学生から寄せられた質問やコメントに教員が回答したり，教員間でディスカッションをしたりするという形で授業を実施しています。

　また，本テキストは，医学部専門科目「法医学」のテキストとしても使用されています。医学部の学生は，民事法や刑事法の基礎を学びつつ，死因究明が司法の現場でどのような役割を果たすかを知ることで，より具体的な場面を想定しつつ，法医学の理論や技能を修得することが可能となります。

　このように，大学で学ぶ法律学や法医学の知識が社会の現場でどのように活かされているのかを知り，社会で役に立つ能力へと昇華させることも，本テキストの重要な目的です。

---

① 導入編（第1章）

　導入編では，本テキストの目標や内容について説明した後，死因究明が問題となった実際の刑事事件・民事事件を題材に，人の死が関わる法律問題を解決するにあたって死因究明が果たす役割や，具体的な事案における死因究明の必要性について解説します。

5

第 1 章　導入編

② 基礎編（第 2 章）

　基礎編では，死因究明に深く関連する基本的な法律の基礎について解説します。具体的には，まず，殺人事件などの人の死が関わる刑事事件について学習する前提として，刑法と刑事訴訟法の基本的な内容について，死因究明との関係を意識しつつ解説します（第 2 講，第 3 講）。次に，人の死が関わる民事事件について学習する前提として，民法と民事訴訟法の基本的な内容について，死因究明と関連の深い事柄を中心に解説します（第 4 講，第 5 講）。さらに，人の死が関わる事件・事故における行政の責任や死因究明における国家の役割についても解説します（第 6 講）。この講は，「死因究明と法」の授業の中で，行政の責任や国家の役割についての質問が多く寄せられたことから，第 2 版で追加した内容です。

　これまで法律を学習する機会がなかったという方は，ぜひともこの機会に，上記の各法律や法制度について学んでみてください。また，法律を学んだことのある方も，死因究明という観点から復習してみると，あらたな発見があると思います。

③ 実践編（第 3 章）

　実践編では，刑事事件と民事事件にわけて，それぞれの事件において死因究明が果たす役割について解説します。

　刑事事件の実践編では，まず，人の死が関わる具体的な事案を想定して，捜査活動において死因究明が果たす役割について解説します（第 7 講）。次に，刑事裁判において犯人の刑事責任を追及する際に行われる**事実認定**（⇨p.7*Keyword*）にあたり，死因究明が果たす役割について説明します（第 8 講）。さらに，死因究明に

6

携わる医師や警察官などが刑事裁判における立証活動において果たす役割について解説します（第9講）。

　民事事件の実践編では，まず，人の死が関わる民事事件として，民事上の損害賠償請求の事案を想定し，被告に人の死に関して過失があったか否か（**過失の有無**）や，被告の行為から人の死という結果が生じたといえるか否か（**因果関係の有無**）について，裁判所が事実認定を行う際に死因究明が果たす役割を解説します（第10講）。そして，最後に，民事裁判における立証活動について解説します（第11講）。

Keyword 「事実認定」

　事実認定とは，司法判断をするにあたり，その前提となる事実を認定することをいいます。

　刑事裁判では，事実認定は必ず証拠に基づいて行われなければなりませんが，民事裁判では，当事者間に争いがなければ，証拠がなくとも事実として認定されます（⇨**第5講Ⅱ2 (2)**）。これは，刑罰を科すか否かを決めるための手続である刑事裁判と異なり，私人間の法律問題を解決するための手続である民事裁判においては，証拠による厳格な事実認定よりも，当事者の意思を尊重すべきであるという考え方に基づくものです。

　なお，最終的な事実認定は裁判所が行いますが，刑事事件においては，検察官も，犯人と疑われている者（被疑者）を起訴するか否かについて判断するにあたり，捜査活動によって収集された証拠から事実認定を行います。

第1章　導入編

第1講

法律問題と死因究明

はじめに

　第1講では，わが国の死因究明制度が見直される大きなきっかけとなった実際の事件である「相撲部屋の新弟子が救急搬送後に死亡したケース」と「一人暮らしの男性が部屋で死亡していたケース」を題材に，人の死が関わる法律問題を解決するにあたって死因究明が果たす役割や，具体的な事案における死因究明の必要性について学びます。

　本講の主な目的は，以下の3つです。

本講の目標

① 死因究明が問題となった実際の刑事事件・民事事件について知る。

② 人の死が関わる法律問題を解決するにあたり，死因究明がどのような役割を果たすのかを知る。

③ 具体的な事案における死因究明の必要性について知る。

第1講　法律問題と死因究明

I　死因究明が問題となった事例

　以下の2つの事例は，いずれも実際にあった事件を題材にしています。それぞれ，何が問題となっているか考えてみましょう。

Case 1　相撲部屋の新弟子が救急搬送後に死亡した事例

　相撲部屋から119番通報があり，救急隊員が駆け付けたところ，17歳の新弟子Aが心肺停止状態で倒れていた。Aは直ちに病院へ救急搬送されたが，約1時間後に死亡が確認された。

　救急隊員は，Aの身体に外傷が多数見られたことから不審死を疑い警察へ通報したが，警察は，相撲部屋の親方や兄弟子らが「Aは稽古後に突然倒れた。被害者の外傷は稽古中についたものである。」と供述したことから，事件性はないと判断し，「被害者は虚血性心疾患によって死亡した。」と発表した。

Case 2　一人暮らしの男性が部屋で死亡していた事例

　一人暮らしをしている21歳の男性Bの部屋を友人らが訪れたところ，Bが部屋の中で死亡していた。

　110番通報を受けて臨場した警察官は，遺体に外傷がなく，争った形跡等もなかったことから，事件性はないと考えた。その後，遺体の解剖が行われたが，肉眼による解剖所見でも特に犯罪が疑われる痕跡等が見られなかったことから，警察は，事件性はないと判断し，遺族に対し「死因は不明だが，おそらく病死ではないか」と説明して捜査を打ち切った。

第1章　導入編

II　法律問題における死因究明の役割

　前ページの各ケースでは，いずれも，警察は，ＡやＢの死因は病死だと考え，事件性はないと判断しています。

　しかし，本当は病死ではなく犯罪死であった場合，警察は，誤った判断により犯罪を見逃したことになります。また，病死の場合，医療過誤の場合などを除き，損害賠償責任を負う者はいませんが，外的要因により死亡したのであれば，遺族は，加害者に対して，損害賠償責任を追及することができます。

　このように，死因究明は，人の死が関わる法律問題を検討する上で，不可欠の前提となります。そこで，まず，法律問題における死因究明の役割について説明します。

1．法律問題と死因究明

　日本の社会では，法律に基づいて様々なルールが設けられていますが，それらのルールすべてに死因究明が関係するというわけではありません。例えば，金銭の貸し借りをめぐる法律問題に死因究明が関わってくることは，通常は考えられません。

　しかし，金銭の貸し借りでトラブルになっていた当事者の一方がビルの屋上から転落して死亡したとしたらどうでしょうか。このような場合，自殺なのか事故死なのか，それとも犯罪死なのか（⇨p.11*Column*）を明らかにして，犯罪死の場合には，犯人を特定して刑事責任を追及する必要があります。また，亡くなる直前に生命保険に加入していた場合，自殺であれば保険金は支払われ

10

ませんし，自殺でなくても，保険金の受取人が被保険者を殺害したのであれば，やはり保険金は支払われません。

　このように，刑事事件だけでなく民事事件においても，人の死が関わっている場合には，死因究明が重要な役割を果たします。

Column　様々な「死」

　外傷や中毒，窒息といった外的要因によってもたらされた死のことを「外因死」いいます。主な外因死としては，事故による死（事故死）や犯罪による死（犯罪死）が挙げられますが，自殺や自然災害による死も外因死に含まれます。

　これに対し，「内因死」とは，病気による死（病死）のことを意味します。同じような言葉として「自然死」がありますが，老衰による死を意味するため，厳密には内因死とは異なります。また，内因死であるからといって，犯罪死でないとは限りません。誤診により適切な治療を受けることができず患者が病死したときは，医師に業務上過失致死罪（刑法211条前段）が成立する可能性があります。この場合，内因死であり，かつ，犯罪死でもあるということになります。

　そのほかにも，「変死」（刑事訴訟法229条参照）や「異常死」（医師法21条参照）という用語があり，外因死と同じ意味で用いられることがありますが，変死は，犯罪による死亡の疑いがある死のことを意味し，異常死は，異常があると認められる死のことを意味するため，外因死と完全に同じ概念ではないことに注意する必要があります。

11

第1章　導入編

(1) 刑事事件における死因究明の役割

　刑事事件の犯人に刑罰を科すには，刑事裁判において，起訴された者（被告人）が犯人であり，被告人の行為が犯罪構成要件に該当することを，証拠に基づいて認定・判断する必要があります。

　しかし，被害者が死亡している場合，最も重要な証拠のひとつである被害者の供述を得ることができません。そこで，遺体の状況などから，ⓐ被害者が犯罪により死亡したといえるか（**事件性**），ⓑ被告人が犯人といえるか（**犯人性**），ⓒ被告人の行為が犯罪に該当するか（**犯罪構成要件該当性**）を明らかにする必要があります。

　このように，人の死が関わる刑事事件においては，被害者がどのような原因で死亡したのかを明らかにする（**狭義の死因究明**）だけでなく，事件性の有無を含め，いつ，どこで，誰が，どのような方法で，何をしたか，をできる限り明らかにすること（**広義の死因究明**）が求められます。なお，刑事事件における具体的な事実認定の方法については，第8講で取り上げます。

(2) 民事事件における死因究明の役割

　私人間の法律関係が問題となる民事事件においても，人の死が関わっている場合は，関係者間の権利義務関係を明らかにするため，ⓐ死の責任を負うべき者がいるか，ⓑ被害者にも責任があったといえるか，などをできる限り明らかにする必要があります。

　したがって，民事事件においても，刑事事件と同様に，人の死が関わっている場合には，狭義の死因究明だけでなく，広義の死因究明が重要となります。なお，民事事件における具体的な事実認定の方法については，第10講で取り上げます。

第1講　法律問題と死因究明

2．死因究明が問題となった具体的事例（刑事事件）

　9ページの各ケースは，それぞれ，2006年に発覚したガス湯沸かし器による一酸化炭素中毒死事件と，2007年に起こった相撲部屋における傷害致死事件が題材となっています。

　両事件とも，日本の死因究明のあり方が見直される契機となった著名な事件であり，いずれも刑事事件として立件されて関係者が有罪となっていますが，ここでは，2007年の相撲部屋における傷害致死事件を紹介します。なお，ガス湯沸かし器による一酸化炭素中毒死事件は，民事事件として後述3で取り上げます。

Case 1 の題材となった事例

　後に集団暴行による傷害致死事件と判明したこの事件は，被害者が心肺停止状態で救急搬送されたことから発覚しました。

　報道によると，被害者を搬送した消防隊員は，被害者の外傷から不審死を疑い「労働災害の可能性あり。不審死の疑い」と警察に連絡していたとのことです。

　ところが，警察は，事件性はないと判断し，「被害者は虚血性心疾患によって死亡した」と発表しました。しかし，遺族の強い要望により，搬送先の病院とは別の病院で解剖が実施された結果，被害者の死因は病死ではなく，多発外傷による外傷性ショック死であることが判明しました。

　その後の捜査により，被害者が，救急搬送前に集団暴行を受けていたことが判明し，親方や兄弟子らが傷害致死罪（刑法205条）で起訴され，有罪判決を受けています。

13

第1章　導入編

(1) 刑事事件における死因究明（その1）：内因死か，外因死か

　本件は，当初，警察によって被害者は内因死（虚血性心疾患による心不全）と発表されましたが，後に，外因死（多発外傷による外傷性ショック死）であったことが判明しました。

　実は，救急搬送先の病院の医師は，被害者が急性心不全によって死亡したと診断したものの，その原因が心疾患とは診断していませんでした。しかし，所轄の警察署は，「稽古中に倒れた」という親方の供述などから事件性はないと判断し，県警本部に検視官の出動を要請せず，病死である旨の死体見分調書を作成しました。

　このことから，警察は，事件性がないという判断を先に行い，それを前提に被害者の死を内因死と判断したものと考えられます。つまり，本来は，司法解剖等により被害者の死の直接の原因を特定したり（**狭義の死因究明**），搬送直前の事実関係を含めて被害者が死に至った経緯を明らかにしたり（**広義の死因究明**）した上で，事件性の有無を判断する必要があるにもかかわらず，本件では，先に事件性はないと判断し，遺体の解剖をしないまま，虚血性心疾患による心不全であると発表したと考えられるのです。

　この事件は，その後，警察による犯罪の見逃しであるとしてマスコミに大きく取り上げられ，わが国の死因究明のあり方が見直されるきっかけとなりました。

(2) 刑事事件における死因究明（その2）：犯罪か, 不幸な事故か

　本件では，当初，事件性の有無や被害者の死因が問題となりましたが，その後の刑事裁判においては，刑法上の違法性阻却事由である**正当行為**（⇨p.15*Column*）の成否も争点となりました。

第1講　法律問題と死因究明

> ### *Column*　正当行為
>
> 　正当行為とは，犯罪構成要件（⇨**第2講Ⅱ2**）に該当するもの，違法性を欠くため罪とならない行為をいいます。
>
> 　例えば，人を殴ることは暴行罪（刑法208条）の構成要件に該当しますし，相手が怪我をした場合は傷害罪（刑法204条）の，相手が死亡した場合は傷害致死罪（刑法205条）の構成要件に該当しますが，ボクシングの試合で相手を殴ることは，ルールを守っている限り，正当行為として罪にはなりません。
>
> 　しかし，スポーツであれば常に正当行為として罪に問われないというわけではありません。生命の危険のある度を超えた指導や練習は，社会的に許容される範囲を超えたものとして違法性が阻却されずに犯罪が成立することもあります。

　本件では，傷害致死罪で起訴された親方は，刑事裁判において，自らが指示した「ぶつかり稽古」は正当行為であり，違法性が阻却されるため，傷害致死罪は成立しないと主張しました。仮に，親方の主張が認められれば，犯罪は成立せず，被告人（親方）は無罪となります。このようなケースでは，被害者に犯行当時の状況を聞くことはできないため，ぶつかり稽古が正当行為であるか，つまり，社会的に許容される稽古であったといえるか否かを判断するにあたり，遺体に残された外傷等の客観的な事実から，被害者の死の直前の事実関係を明らかにする必要があります。

　このように，被害者の死が犯罪によるのか，それとも不幸な事故による死であるのかを解明するにあたっても，死因究明（広義の死因究明）が大きな役割を果たします。

第1章　導入編

(3) 裁判所の判断

　本件では，刑事裁判の判決において，被告人である親方の主張に対し，以下のような判示がなされています。

東京高判平成22年4月5日高検速報(平22)号117頁

「〔本件ぶつかり稽古は〕被害者の真に自由な意思に基づいたものでないこと，入門後2か月に満たない技量，体力ともに未熟である新人の力士に対するものとして異例の長時間にわたり，苛酷な動きを強制し，複数の者が，棒や金属バットでの殴打を含め多数回にわたって有形力を加えながら，それまでに身体にダメージを受けていた被害者に対し，これを認識しつつ行われた，正常な稽古の範囲を明らかに逸脱したものであること，また，こういったことなどから本件ぶつかり稽古に制裁の目的が含まれていたと認められることなどを総合すると，本件ぶつかり稽古に際し兄弟子が被害者に手加減をしていたことがあったこと，本件相撲部屋の後援会会員が本件ぶつかり稽古を見学していたこと……，ぶつかり稽古に時間がかかる場合があり，そこで殴打行為が行われることがあることなど所論の指摘する事情を併せても，……正当業務行為に当たらず，違法な暴行であったというべきである」

　このように，裁判所は，ⓐ本件ぶつかり稽古が被害者の真に自由な意思に基づいたものでないこと，ⓑ入門後2か月に満たない技量，体力ともに未熟である新人の力士に対するものとして異例の長時間にわたり，苛酷な動きを強制し，複数の者が，棒や金属

第1講　法律問題と死因究明

バットでの殴打を含め多数回にわたって有形力を加えながら，それまでに身体にダメージを受けていた被害者に対し，これを認識しつつ行われた，正常な稽古の範囲を明らかに逸脱したものであったこと，ⓒ本件ぶつかり稽古に制裁の目的が含まれていたと認められることなどを総合して，本件ぶつかり稽古は正当行為（正当業務行為）にあたらない，と判断しました。

　上記の判断の基礎となった事実は，関係者の供述によって認定されたものもありますが，いくつかの重要な事実（長時間にわたる暴行であること，複数の者による暴行であること，棒や金属バットでの殴打がなされたこと，身体にダメージを受けていた被害者に対して暴行が加えられたことなど）については，遺体の解剖結果が事実認定にあたって大きな役割を果たしたと考えられます。

　このように，本件においては，事件の発覚時のみならず，訴追後の刑事裁判の場においても，死因究明（広義の死因究明）が重要な役割を果たしていることがわかります。

3．死因究明が問題となった具体的事例（民事事件）

　次に，民事事件において死因究明が問題となった具体的な事例をみてみましょう。

　上述のように，2006年に発覚した一連のガス湯沸かし器の動作不良による一酸化炭素中毒死事件は，刑事事件としても関係者が立件・起訴されて有罪となっていますが，ここでは，民事事件に焦点をあてて紹介します。

17

第1章　導入編

Case 2 の題材となった事例

　1996年3月，一人暮らしの21歳の男性が部屋で死亡しているのが，訪ねてきた友人によって発見されました。その後，東京都監察医務院による死体の解剖が行われましたが，警察は，遺体に外傷がなかったことなどから事件性はないと判断し，遺族に対して「病死ではないか」と説明していました。

　しかし，10年後の2006年，遺族が東京都監察医務院に死体検案書の交付申請をしたところ，検案書の記載から，死亡時の血中一酸化炭素濃度が80％を超える高濃度であり，男性が一酸化炭素中毒によって死亡していたことが判明しました。

　そこで，遺族が死体検案書を根拠に警察に再捜査を依頼したところ，ガス湯沸かし器の安全装置の不作動による不完全燃焼を原因とする一酸化炭素中毒死であったことが判明し，その後，同じメーカーのガス湯沸かし器の安全装置の不作動に起因する事故が1985年以降に少なくとも28件発生しており，死者は21人にのぼることが発覚しました。

　なお，この一連の事件については，ガス湯沸かし器メーカー等が民事上の損害賠償責任を負ったほか，刑事事件としても，2005年に発生した一酸化炭素中毒死事件について，ガス湯沸かし器メーカーの元社長らが業務上過失致死（刑法211条）の事実で起訴され，有罪判決を受けています。なお，1996年に発生した事件については，遺族が一酸化炭素中毒死であることを知った2006年の時点で，すでに業務上過失致死罪の公訴時効（刑事訴訟法250条）が経過していました。

第 1 講　法律問題と死因究明

(1) 民事事件における死因究明（その 1）：病死か，外因死か

　本件においても，警察は，事件発覚直後に事件性はないと判断し，遺族に対して「病死ではないか」と説明していました。詳細は不明ですが，警察は，死体検案の結果が判明する前に事件性はないと判断し，捜査を打ち切っていたものと考えられます。

　本件においても，先に紹介した相撲部屋における傷害致死事件と同様，本来は，死因を解明した上で事件性の有無を判断する必要があるにもかかわらず，警察は，先に事件性はないと判断し，それを前提に男性は病死したと判断したと考えられます。しかも，本件では東京都監察医務院において死体の検案が行われ，その結果，男性の死因が一酸化炭素中毒であることが判明していたにもかかわらず，遺族が死体検案書の交付申請をしてその内容を確認するまで，再捜査は行われませんでした。

　遺族から再捜査の依頼を受けた後，警察は時間をおかずに一酸化炭素の発生原因がガス湯沸かし器の動作不良であることを突き止めていますので，被害者の死因が一酸化炭素中毒であることが客観的に判明した段階で直ちに再捜査が行われていれば，その後に発生した死亡事故を含む一連の一酸化炭素中毒事故は発生していなかったかもしれません。また，この事件では，事件発生から10年後に遺族が死体検案書の交付申請をしていなければ，男性が一酸化炭素中毒で亡くなったことは発覚せず，当然，メーカー等に対して民事責任を追及することもできなかったと考えられます。

　これらのことから，この一連のガス湯沸かし器の動作不良による一酸化炭素中毒死事件も，わが国の死因究明が見直される大きなきっかけとなりました。

19

第1章　導入編

(2) 民事事件における死因究明（その2）：誰に責任があるのか

　一連のガス湯沸かし器の動作不良による一酸化炭素中毒死事件は，ガス湯沸かし器の動作不良によって不完全燃焼が生じ，室内に高濃度の一酸化炭素が充満したことが原因となって発生したものですが，ガス湯沸かし器そのものには，不完全燃焼を起こさせるような欠陥はなかったと考えられています。

　実は，このガス湯沸かし器には，コントロールボックス内のハンダが劣化してハンダ割れが生じると，安全回路に通電しない状態となって，安全装置が働いた場合と同様，ガスの供給が止まり湯沸かし器が作動しなくなる，という欠陥がありました。この欠陥自体は，本来であればガス湯沸かし器が作動しなくなるというものであるため，それが原因で一酸化炭素が発生することはありませんが，作動しなくなったガス湯沸かし器を修理する際，安全回路に通電していなくてもガス供給が止まらなくなるようにするという不適切な修理が行われると，排気ファンが回らない状態であっても安全装置が作動しなくなり，その結果，不完全燃焼によって生じた一酸化炭素が排出されずに高濃度の一酸化炭素が室内に充満する危険性がありました。しかし，このような危険性は不適切な修理を行ったことが原因であるため，一酸化炭素中毒死の直接の責任は，そのような不適切な修理を行った設置業者にあることになり，ガス湯沸かし器を製造したメーカーが直ちに被害者の死について責任を負うとはいえません。

　このことから，遺族らが損害賠償を求めて提訴した民事裁判においては，メーカーも責任を負うか否かが問題となりました。例えば，1992年に発生した死亡事故については，裁判所は，当時，

20

ガス湯沸かし器メーカーには，そのような危険な安全装置の改造が行われることを予見することは困難であり，過失があったとはいえないとして，メーカーの損害賠償責任を否定し，安全装置の改造を行った設置業者のみの責任を認めました。

このように，被害者の死亡という結果について誰に責任があるのかを判断するには，死因の直接の原因（本件では一酸化炭素中毒）だけでなく，当時の状況や事件に至る経緯を含めて解明する必要があります。

(3) 裁判所の判断

ここでは，2005年に発生したガス湯沸かし器の動作不良による一酸化炭素中毒死に関する裁判所の判断（東京地判平成24年12月21日判時2196号32頁）をみてみましょう。

裁判所は，遅くとも2001年1月頃には，メーカーは安全装置の改造を伴う不適切な修理がなされたガス湯沸かし器が全国に存在しており，一酸化炭素中毒事故が生じる危険性が高いことを認識していたと認定し，メーカーは，そのような事故を回避するため，「ガス湯沸かし器の所有者や使用者に事故の危険性や使用を中止すべきことを告知する義務」および「製造・販売されている同機種について直ちに一斉点検・回収を行う義務」を負っていたと判断し，メーカーの過失を認めて損害賠償責任を肯定しました。

このような裁判所の事実認定および判断は，ⓐ1985年以降に生じた多くの死亡事故が一酸化炭素中毒によるものであることが判明していたこと，ⓑそのことをメーカーが把握していたこと，の2点を主な根拠とするものですが，このうち@については，全国

第1章 導入編

各地で発生した死亡事故について死因究明が行われた結果であり，民事事件においても死因究明が重要な役割を果たすことを示すものといえます。

本講のポイント

● 刑事事件と民事事件のいずれについても，人の死が関わる場合には，死因究明が重要な役割を果たすことがある。

● 死因究明が重要な役割を果たす法律問題に関する基本的な法律として，**刑法・刑事訴訟法・民法・民事訴訟**法がある。

● 死因究明には，死因を明らかにする「狭義の死因究明」と，死の前後の状況（いつ，どこで，誰が，どのような方法で，何をしたか）を明らかにする「広義の死因究明」とがあり，法律問題を解決するにあたっては，狭義の死因究明だけでなく広義の死因究明も重要である。

〔主な参考文献〕

• 江花優子『君は誰に殺されたのですか ―パロマ湯沸器事件の真実―』（新潮社，2008年）

• 甲斐克則編『医事法辞典』（信山社，2018年）

章末コラム1

死因究明に必要なこと

高塚尚和（新潟大学死因究明教育センター長）

　私が大学を卒業して入局した法医学教室では，司法解剖（鑑定）イコールほぼ解剖検査であり，その他の検査は，溺死が疑われる際にプランクトン検査，焼死が疑われる際に血中一酸化炭素ヘモグロビン検査，何らかの疾患が死因に関係していると疑われる際に病理組織検査，飲酒が疑われる際にアルコール検査等を実施するに過ぎず，薬毒物に関しては，機器による分析が県警科学捜査研究所で実施されていただけであり，死後画像検査は全く行われていませんでした。もちろん，都会の大学や東京都監察医務院等では，薬毒物検査を常に実施しているとうかがったことがありますが，地方の大学では，教室の研究テーマ（専門）が薬毒物でない限り，日常的には実施されていなかったと思います。

　トリカブトを用いた保険金殺人事件やガス給湯器による一酸化炭素中毒死事件等を契機に，解剖検査以外の諸検査の必要性が明らかとなり，現在，私どもの教室では，法医解剖の際，必ず解剖前に死後 CT 画像検査を行い，解剖中あるいは解剖後に薬毒物簡易検査，機器による薬毒物・アルコール検査・生化学検査，病理組織学的検査等の諸検査を実施しています。

　一昔前のように，司法解剖イコール解剖検査ではなく，法医学分野においても，臨床医学のように種々の検査を実施して死因等を明らかにすることが求められています。しかし，マンパワー不足や高額な分析機器を購入する資金等については，医学部の一講座が対応するには限度を超えていると感じています。諸外国のように監察医事務所，コロナー（coroner），法医学研究所等の公的な死因究明機関の整備が必要なのではないでしょうか。

第2章

基礎編

第 2 章　基礎編

第 2 講

刑事責任と死因究明

はじめに

　第 2 講では，刑事事件における死因究明の役割について学習する前提として，**犯罪**や**刑罰**を定める「刑法」に関する基本的な事項について学びます。

　ここでは，まず，刑法の意義や機能，特色について説明した上で，犯罪の意味と成立要件について解説し，さらに，死因究明と深く関わる犯罪の種類や構成要件を紹介します。

　本講の主な目的は，以下の 3 つです。

本講の目的

① 犯罪と刑罰について定める「刑法」の意義や機能，特色を知る。

② 犯罪の意味と成立要件について理解をする。

③ 死因究明と深く関わる主な犯罪類型（人の生命を保護法益とする主な犯罪類型）の種類や構成要件を知る。

第2講　刑事責任と死因究明

Case 3　遺族が刑事責任の追及を望んでいる事例

　会社経営者Cは，競合会社の経営者Dに対し，3年後の返済の約束で，事業資金3,000万円を貸し付けた。しかし，1年後にCの会社の経営が悪化し資金難に陥ったことから，Cは，Dに「できれば今すぐ3,000万円を返してもらいたい。それが難しいなら運転資金として1,000万円を貸し付けて欲しい。」と依頼したが，Dは，Cから借りた事業資金のうち1,000万円が使い道の決まっていない状態で残っていたにもかかわらず，Cの会社が倒産すれば自社に有利になると考え，Cの依頼を断った。

　3か月後，いよいよ経営が危なくなったCは，「100万円でいいから貸して欲しい。月末までに100万円用意できなければ自殺するしかない。」と悲壮な面持ちでDに頼み込んだが，Dは，「Cは本当に自殺するかもしれない。」と思いつつ，自社の利益のために100万円を貸さなかった。その直後，Cの会社は運転資金が足りず倒産し，それを苦にしたCは自殺した。

　その後，一連の経緯を知ったCの遺族は，Cが自殺した原因がDにあると考え，刑事責任を追及したいと考えている。

　上記の事案を見ると，Cの遺族でなくても，Cが自殺した原因はDにあると考えてしまいます。

　しかし，ここで問題となっているのは刑事責任ですので，道義的な責任はさておき，Dの行為が犯罪にあたるかという観点から検討する必要があります。そこで，まずは犯罪や刑罰を定める刑法の意義や特色について見てみることにしましょう。

第2章　基礎編

I　刑法の意義・機能・特色

1．刑法の意義

　「刑法」には，2つの意味があります。1つは，刑法という名称の法律（刑法典）です。これが一般的な意味の「刑法」であり，殺人罪や窃盗罪などの重要かつ基本的な犯罪は，この意味の刑法に規定されています。

　これに対し，刑法典を含む，犯罪や刑罰について定める法律の規定全体を刑法と呼ぶこともあります。例えば，自動車運転死傷処罰法（⇨p.37 *Column*）のように特殊な犯罪類型を定める法律や，道路交通法のような行政法規の中の刑罰規定も，広い意味の刑法に含まれます。本書では，「(刑法典)」や「刑法○○条」と記載する場合を除き，「刑法」を上記の広い意味の刑法として用います。

2．刑法の機能

　刑法の目的は，「**法益**」を保護することにあります。ここでいう法益とは，立法者が，社会的に重要であり，刑罰によって保護すべきであると考えた諸利益を意味し，ⓐ個人的法益（個人の生命や身体，自由，財産など），ⓑ社会的法益（公共の安全や経済取引の安全など），ⓒ国家的法益（国家の存立や適正かつ公正な公務の遂行など）に分類されます。このうち，死因究明との関係では，ⓐ個人的法益が特に重要です。

28

第2講　刑事責任と死因究明

　刑法は，法益を侵害する行為またはその危険を生じさせる行為
をした者に刑罰を科し（**応報**），将来の犯罪発生を防止すること
（**予防**）を目的とします。なお，このどちらが刑罰の本質である
かについては争いがありますが，本書では深く立ち入りません。

　また，刑法は，国民の自由を保障する機能（後述）や，社会の
治安を維持する機能も有しています。また，近年では，被害者保
護の観点から司法制度改革が行われている点にも留意が必要です。

3. 刑法の特色と基本原則

　刑法の最大の特色は，刑罰という厳しい制裁を定めていること
にあります。刑罰は，**死刑**や**懲役**のように，罪を犯した者の生命
や自由を剥奪する点において，最も峻厳な制裁であるといえます
（**罰金**などの金銭刑についても，支払われない場合は労役場留置
（刑法18条）という自由の剥奪を伴う執行方法が予定されています）。
このような厳しい制裁を定めていることが刑法の最大の特色であ
り，それゆえに，刑法にはいくつかの重要な原則が存在します。

(1) 罪刑法定主義
　刑法の最も重要な原則が**罪刑法定主義**であり，「どのような行為
が犯罪になり，それにどのような刑罰が科せられるかは，あらか
じめ法律によって具体的に定められていなければならない」こと
を意味します。

　罪刑法定主義の中心的な機能は，法律であらかじめ犯罪と定め
られている行為のみを刑罰の対象とすることにより，国民の行動

29

第 2 章　基礎編

の自由を保障し，行動の指針を提供する点にあります。

　なお，罪刑法定主義から派生する原理として，**遡及処罰の禁止**（実行時に犯罪でなかった行為を後から遡って処罰することはできない）や**類推解釈の禁止**（刑罰法規を類推して解釈することは許されない）などがあります。

(2) 刑法の謙抑性

　刑罰は，人の生命や自由の剥奪を伴う厳しい制裁であることから，国家の政策実現の手段として過度に用いるべきではありません。そのため，刑法はできる限り抑制的に用いなければならないとされており，この原則を**刑法の謙抑性**といいます。

　これと共通する考え方として，刑法の断片性（あらゆる利益を刑法による保護の対象とすべきではない）や刑法の補充性（他の手段では十分な保護ができない場合に限って用いるべきである）という原則があります。

Column　刑法の条文構造

　殺人罪について規定する刑法199条は，「人を殺した者は，死刑又は無期若しくは 5 年以上の懲役に処する。」と定めるだけで，「人を殺してはならない」という規範（ルール）は明記していません。刑法（刑法典）の定める他の犯罪も同様です。

　これは，刑法（刑法典）の基礎には，特定の行為を禁じたり命じたりする社会的な行為規範が存在し，個々の条文は，そのような不文の行為規範を前提に，それに違反する行為について刑罰という制裁を定めているからだと考えられています。

第 2 講　刑事責任と死因究明

II　犯罪の意味と成立要件

1．犯罪の定義と成否の判断

　犯罪とは，「構成要件に該当する違法かつ有責な行為」と定義されます。そして，この定義を，①**構成要件該当性**，②**違法性**，③**有責性**という 3 つの要素に分解し，犯罪が成立するか否か（犯罪の成否）について，①→②→③の順で判断するのが一般的です。

　例えば，殺人罪の成否については，まず，①問題となっている行為が殺人の犯罪構成要件に該当するか，次に，②その行為が違法な行為であるか，最後に，③その行為が有責であるかを判断し，どれか一つでも否定されれば，犯罪は成立しません。

Column　不作為による犯罪

　犯罪とは，構成要件に該当する違法かつ有責な行為のため，頭の中でどれだけ悪いことを考えたとしても，そのこと自体が犯罪となることはありません。しかし，「行為」には積極的な行為(作為)だけでなく消極的な行為(不作為)も含まれるため，例えば，幼児に食事を与えず死なせた場合，当該不作為により保護責任者不保護致死罪（刑法219条・218条）や殺人罪が成立する可能性があります。

　ただし，ここでいう不作為は，法律の規定や社会規範によって命ぜられる一定の作為を行わないことを意味し，何もしないことが直ちに何らかの犯罪に該当するわけではありません。

第2章　基礎編

2．構成要件該当性

　犯罪構成要件とは，刑法が定める各犯罪の行為類型を意味します。ただし，犯罪構成要件に該当したら直ちに犯罪が成立するわけではなく，あくまで犯罪が成立するための一要素です。

　犯罪構成要件は，刑法の条文から導き出されるものであり，例えば，刑法199条の規定からは，ⓐ殺意を持って（**故意**），ⓑ人を死に至らしめる行為をし（**実行行為**），ⓒその結果として（**因果関係**），ⓓ人が死亡した（**結果**），という殺人罪の構成要件要素が導き出されます。このことからわかるように，犯罪構成要件は個々の刑法の条文の解釈の産物であるといえます。

　犯罪構成要件は，客観的要素と主観的要素に分けられます。後者は，故意または過失を意味し，例えば，上述した殺人罪の構成要件要素については，ⓐ故意（殺意）が主観的要素であり，残りのⓑ実行行為，ⓒ因果関係およびⓓ結果が客観的要素です。なお，故意による犯罪を**故意犯**，過失による犯罪を**過失犯**といいます。

Column　既遂犯と未遂犯

　結果が発生しなかった場合，構成要件を充たさず犯罪は成立しないのが原則ですが，未遂犯処罰規定（刑法44条参照）が設けられている場合，未遂犯が成立することがあります（これに対し，結果が発生した場合を既遂犯といいます）。

　例えば，刑法203条は「第199条……の罪の未遂は，罰する」と定めているため，被害者が死に至らなかった場合でも，殺人未遂罪が成立する余地があります。

32

3．違法性

　前述のように，犯罪構成要件とは法律の定める各犯罪の行為類型を意味するため，犯罪構成要件に該当する行為には，基本的に違法性が認められます。そこで，違法性の有無を判断するにあたっては，構成要件該当性が認められることを前提に，**違法性阻却事由**の有無を判断すれば足りることになります。

　違法性阻却事由として，例えば，刑法35条は，「法令又は正当な業務による行為は罰しない。」と定めています。具体的には，死刑を執行する行為は殺人罪の構成要件に該当しますが，法令に基づいて行われる行為（**法令行為**）として違法性が阻却され，殺人罪は成立しません。同様に，医者が行う外科手術は傷害罪（刑法204条）の構成要件に該当するとしつつ，**正当業務行為**として違法性が阻却されると考えるのが一般的です。

　そのほかの違法性阻却事由として，**正当防衛**（刑法36条1項）や**緊急避難**（刑法37条）が挙げられます。

4．有責性

　犯罪成立要件の最後は，有責性です。犯罪構成要件に該当する違法な行為をした者であっても，責任（**非難可能性**）がない場合は刑罰を科すことができません。この「責任なければ刑罰なし」という考え方を**責任主義**といいます。ただし，犯罪構成要件に該当する違法な行為には，通常は非難可能性があるため，有責性の有無を判断するにあたっては，構成要件該当性と違法性が認めら

第2章　基礎編

れることを前提に，責任阻却事由の有無を検討すれば足ります。

　以下，主な責任阻却事由である**責任能力**および**違法性の意識の可能性**について説明します。

(1) 責任能力

　行為者が，行為の是非を理解する能力（弁識能力）または規範に従い行動を制御する能力（制御能力）のいずれかを欠く場合，**心神喪失**者（精神の障害により責任能力を欠く者）として責任が阻却されます（刑法39条1項）。ここでいう精神の障害は，統合失調症や躁うつ病などの精神疾患だけでなく，飲酒による病的酩酊等を含みます。なお，**心神耗弱**者（責任能力が著しく減退している者）については，責任は阻却されず犯罪は成立しますが，非難可能性の程度が低いため，刑が軽減されます（刑法39条2項）。

Column　責任能力の有無の判断

　刑事裁判では，裁判官や裁判員が，精神医学の専門家等の意見を参考に，被告人の責任能力の有無や程度を判断します。

　刑事裁判において責任能力が争点になることは珍しくありませんが，心神喪失が認められて無罪となるのは極めて稀にしか存在しません。その主な理由は，行為者の責任能力に疑いがある場合，検察官がその者を起訴するかどうかを慎重に判断する結果，不起訴となることが多いためだと考えられます。

　ただし，その場合は，不起訴になって直ちに社会復帰するわけでははく，精神保健福祉法に基づく措置入院や医療観察法に基づく入院命令などの手続に移行することになります。

第2講　刑事責任と死因究明

(2) 違法性の意識の可能性

　単に法律について知らなかったというだけでは犯罪の成立は否定されませんが（刑法38条3項），特別な事情の存在によって違法性の意識の可能性すら存在しなかった場合，非難可能性が認められないため責任が阻却されると考えられています。例えば，自分の行為について事前に所管官庁に照会したところ，明確に違法性はないと回答されたため，これを信じて行動したような場合が考えられます。

　ただし，違法性の意識の可能性の有無は，同じ状況に一般人が置かれた場合に違法性を認識する可能性がないといえるかという観点から客観的に判断されるため，行為者が勝手に違法性はないと思い込んだ場合や，専門家ではない者の意見を軽信したというような場合には，違法性の意識の可能性は否定されず，責任は阻却されません。

Case 3 において刑事責任を追及できるか

　本件では，Dは，Cから借りた事業資金のうち1,000万円が残っていたにもかかわらず，また，Cが自殺するかもしれないと思いながら，自社の利益のためにCに金を貸しませんでした。

　しかし，あらかじめ法律で犯罪と定められておらず，犯罪構成要件に該当しない行為について刑罰を科すことは，罪刑法定主義に反し認められません。冷たいようですが，仮に，道義的に許せない行為であれば自由に刑罰を科すことができるとすると，国民はどのような行為に刑罰が科せられるか分からず，行動の自由が保障されないことになるからです。

35

第 2 章　基礎編

Ⅲ　死因究明と深く関わる犯罪類型

1．人の生命を保護法益とする主な犯罪類型

　ここからは，死因究明と関わりの深い犯罪類型，つまり，人の生命を保護法益とする犯罪類型について具体的に紹介します。もっとも，人の生命を保護法益とする犯罪類型といっても多種多様であることから，ここでは，最も基本的で，かつ重要と考えられる犯罪類型について簡潔に紹介することとします。

(1)　殺意をもって人を死に至らしめるもの
①　殺人罪・強盗殺人罪

> **参照条文**
>
> 刑法199条　人を殺した者は，死刑又は無期若しくは 5 年以上の懲役に処する。
>
> 刑法240条　強盗が，人を負傷させたときは無期又は 6 年以上の懲役に処し，死亡させたときは死刑又は無期懲役に処する。

　故意の行為で人を死なせた場合，殺意（⇨p.41）の有無によって成立しうる犯罪類型が異なります。例えば，自動車で人をはねて死亡させた場合，殺意があれば**殺人罪**が成立しますが，人をはねる故意はあっても殺意がなければ，**傷害致死罪**（後述）が成立するにとどまります。また，故意すらない場合は，**過失運転致死罪**（⇨p.37 *Column*）が成立しうるにとどまります（いずれも違法性や有責性が認められる前提です。以下同じ）。

第2講　刑事責任と死因究明

　殺意をもって人を死に至らしめる犯罪として，殺人罪のほか，**強盗殺人罪**（刑法240条後段）があります。同条後段は，殺意の有無にかかわらず同一の構成要件と法定刑を定めていますが，刑事実務上は，殺意がある場合を強盗殺人罪，殺意がない場合を**強盗致死罪**と呼んで区別します（ただし，殺意がある場合を含めて「強盗致死罪」と呼ぶこともあるため注意が必要です）。

　殺意は，加害者の内面的な要素（主観的要素）であるため，本人が否認した場合，外面的・客観的な事実からその有無を判断する必要があります（⇨**第8講Ⅲ**）。また，本人が認めた場合でも，犯行時に殺意があったことを客観的証拠によって裏づける必要があります。そのため，殺人罪や強盗殺人罪の成否の判断にあたっては，広義の死因究明が大きな役割を果たします。

Column　過失運転致死罪

　自動車運転上の過失により人を死亡させた場合，かつては業務上過失致死罪（刑法211条）が適用されていましたが，平成13年の刑法改正により自動車運転過失致死罪（旧211条2項）が導入され，同罪が適用されるようになりました。

　さらにその後，運転の悪質性や危険性などに応じた処罰を可能とするため，平成25年に「自動車の運転により人を死傷させる行為等の処罰に関する法律」（自動車運転死傷処罰法）が制定され，現在では，自動車の運転上必要な注意を怠って人を死亡させる行為については，同法5条所定の「過失運転致死罪」が適用されています（刑法旧211条2項は削除）。

第2章　基礎編

② 自殺関与罪・同意殺人罪

> **参照条文**
>
> 刑法202条　人を教唆し若しくは幇助して自殺させ，又は人を
> 　　　その嘱託を受け若しくはその承諾を得て殺した者は，6月
> 　　　以上7年以下の懲役又は禁錮に処する。

　殺意をもって人を死なせた場合，被害者が同意していても**自殺関与罪**（刑法202条前段）や**同意殺人罪**（同条後段）が成立します。ただし，被害者が刑法による保護を自ら放棄しているため，殺人罪と比べ法定刑が軽くなっています。もっとも，ここでいう同意は被害者の真意に基づくものでなければなりません。

　自殺関与罪は，人を唆して自殺させる**自殺教唆罪**と，自殺を決意している者を物理的・心理的に手助けして自殺させる**自殺幇助罪**に分かれます（なお，自殺自体は犯罪でないのに，その教唆や幇助が処罰対象となる理由については刑法学説上とても興味深い議論がなされていますが，ここでは割愛します）。

　同意殺人罪は，被害者に頼まれて殺す**嘱託殺人罪**と，被害者の承諾を得て殺す**承諾殺人罪**に分かれます。嘱託殺人は，被害者が激しい肉体的精神的苦痛から逃れるために殺して欲しいと懇願し，これを見かねて殺害するケースが典型であり，終末期医療や介護の現場でしばしば問題となります。これに対し，承諾殺人は，心中を試みて相手を殺害後に自殺できずに生き残るケースが典型です。これらの場合も真意に基づく嘱託や承諾が必要であるため，被害者が死の意味を理解していない幼児であるような場合，嘱託や承諾は無効となり殺人罪が成立します。

第2講　刑事責任と死因究明

(2) 殺意なく人を死に至らしめる犯罪類型（結果的加重犯）

参照条文

刑法205条　身体を傷害し，よって人を死亡させた者は，3年以上の有期懲役に処する。

　ある犯罪が成立した結果，その犯罪（基本犯）が予定しているより重い結果が生じた場合に法律が刑を加重しているものを**結果的加重犯**といいます。例えば，喧嘩相手を素手で殴って怪我をさせたら，その怪我が原因で死亡してしまったというケースでは，仮に殺意がなくても**傷害致死罪**（刑法205条）が成立します。この場合，被害者に怪我をさせた時点で傷害罪（刑法204条）が成立し，その後に被害者の死亡した時点で傷害致死罪が成立します。

　傷害致死罪のほか，刑法（刑法典）には，結果的加重犯として，強盗致死罪（前述）や不同意わいせつ等致死罪（刑法181条），強盗・不同意性交等致死罪（刑法241条）が定められています。なお，自動車運転死傷処罰法2条の危険運転致死罪も，道路交通法違反の罪を基本犯とする結果的加重犯であると考えられています。

(3) 過失により人を死に至らしめる犯罪類型

参照条文

刑法210条　過失により人を死亡させた者は，50万円以下の罰金に処する。

刑法211条　業務上必要な注意を怠り，よって人を死傷させた者は，5年以下の懲役若しくは禁錮又は100万円以下の罰金に処する。重大な過失により人を死傷させた者も，同様とする。

第2章 基礎編

　人の生命を保護法益とする犯罪類型には，過失によって人を死に至らしめるものもあります。刑法（刑法典）には，この類型として，**過失致死罪**（刑法210条）や**業務上過失致死罪**（刑法211条前段），**重過失致死罪**（同条後段）が規定されていますが，そのほかにも，自動車運転死傷処罰法5条の**過失運転致死罪**（前述）がこの犯罪類型に該当します。

2．犯罪構成要件

(1) 客観的構成要件

　人の生命を保護法益とする犯罪類型に共通する客観的構成要件要素の1つ目は，**人の死という結果**です。なお，殺人罪のように人の死という結果が発生しなくても未遂罪が成立しうる犯罪類型もありますが（⇨p.32*Column*），結果的加重犯や過失犯には未遂罪は成立しないため，傷害罪や過失傷害罪のように人の身体を保護法益とする罪が成立するにとどまります。2つ目は，**人を死に至らしめる危険のある行為**です。仮に殺害の意図をもって何らかの行為をしても，その行為におよそ人が死ぬ危険性がなければ，人の生命を保護法益とする犯罪は成立しません。

　3つ目は，行為と結果の間の**因果関係**です。この因果関係は，単なる事実的なつながり（事実的因果関係）では足りず，法的評価として発生した結果が当該行為によるものといえる**法的因果関係**（⇨p.41*Column*参照）が必要とされ，これが認められない場合，実際に人が死亡したとしても，犯罪の成否の判断にあたっては，人の死という結果が生じなかったのと同じ結果になります。

40

第 2 講　刑事責任と死因究明

> ### *Column*　相当因果関係と危険の現実化
>
> 　かつては，行為と結果の間の因果関係（法的因果関係）の有無を社会的に相当といえるかという観点から判断する**相当因果関係**説が一般的でしたが，近年では，行為の危険性が結果へ現実化したといえるかという観点から判断する**危険の現実化**説が有力とされています。
>
> 　ただし，これは特殊な介在事情がある事例（犯人が被害者に重傷を負わせた後に港に運んで放置し立ち去ったところ，その後に犯人以外の誰かが被害者に暴行を加えて傷害を負わせ，最終的に被害者が死亡した事例）を念頭に置いた議論のため，法学初学者の方は，あまり深く立ち入らず，民事上の因果関係と同様に考えても差し支えありません。

(2) 主観的構成要件要素

　前述のように，人の生命を保護法益とする犯罪類型の主観的構成要件は，ⓐ殺意，ⓑ基本犯の故意またはⓒ過失のいずれかです。ここでは，ⓐ殺意とⓒ過失について説明します。

　まず，**殺意**とは，積極的な殺害の意図まではなくても，**人の死という結果の認識・認容**で足ります。さらに，これは，確定的なものでなくても，「ひょっとすると被害者が死ぬかもしれないが，それでもいいか」という不確実な認識と消極的な認容にとどまる場合でも認められます。このような殺意を「**未必の殺意**」といい，実務上は，「人が死ぬ危険性が高い行為をそのような行為であるとわかって行った」場合に認められる，という説明がされています。

　最後に，**過失**とは，注意義務違反を意味します。注意義務違反

41

第2章　基礎編

とは，結果の予見可能性を前提とする結果回避義務を怠ったことを意味します。したがって，予見していながら回避しなかった場合だけでなく，予見することが可能であったのに予見しなかったために回避行為をとれなかった場合にも，過失が認められます。反対に，結果を予見することができなかった場合や，予見はできたが回避することはできなった場合，過失は認められません。

本講のポイント

● 刑法の最大の特色は，刑罰という最も峻厳な制裁を定めていることである。

● 罪刑法定主義と責任主義が近代刑法の基本原則である。

● 刑法の主な機能は，法益の保護にある。

● 犯罪とは，構成要件に該当する違法かつ有責な行為であり，①構成要件該当性→②違法性→③有責性の順に判断される。

● 死因究明が深く関わる犯罪類型として，ⓐ殺意をもって人を死亡させたもの（殺人罪等），ⓑ殺意はなかったが結果的に人を死亡させたもの（傷害致死罪など），ⓒ過失により人を死亡させたもの（過失致死罪など）がある。

〔主な参考文献〕

• 井田良『入門刑法学総論〔第2版〕』（有斐閣，2018年）
• 本間一也ほか編著『New Live刑事法』（成文堂，2009年）

第3講

刑事手続と死因究明

はじめに

　第3講では，すでに犯罪の意味について知っていることを前提に，刑事事件の手続や刑事裁判の基本原則について学びます。

　具体的には，殺人事件を想定し，死因究明との関係を意識しながら，捜査活動や刑事裁判の基本的な流れについて学ぶとともに，刑事裁判における基本原則である証拠法則について学習します。

　本講の主な目的は，以下の3つです。

本講の目的

① 刑事手続について定める刑事訴訟法の役割と刑事手続の基本的な流れを知る。

② 捜査や公訴の提起の意義と重要な原則を知る。

③ 刑事裁判の基本原則である証拠法則の内容やその他の重要な原理・原則について理解する。

第2章　基礎編

I　刑法手続の概要

Case 4　胸部にナイフが刺さった死体が発見された事例

　夜中に「隣の部屋で争っているような物音がする」という110番通報を受けて警察官が現場に駆け付けたところ，マンションの一室で，胸にナイフが刺さった死体が発見された。

　他の講とは異なり，*Case 4*では，胸にナイフが刺さった死体が発見された，という以外にほとんど何も情報はありません。というのも，事件の詳細を明らかにして事案の真相を解明することが刑事手続の大きな役割の一つだからです。

　それでは，この後，どのような刑事手続が進んでいくのでしょうか。まずは，刑事手続の概要について見ていきましょう。

1．刑事手続の概要

(1) 刑事手続の概要と刑事訴訟法の役割

　上記の事件は，一見すると殺人罪の構成要件（⇨第2講Ⅱ2）に該当しそうです。しかし，仮に殺人事件だとして，犯人はいったい誰なのでしょうか。また，そもそも，本当に殺人事件なのでしょうか。可能性は低いかもしれませんが，自殺や事故で死亡した可能性もありますし，事件だとしても，傷害致死罪や過失致死罪など（⇨第2講Ⅲ参照），他の犯罪の可能性もありえます。

　このように，事件が発生しても，刑法だけで犯人に刑罰を科す

44

第3講　刑事手続と死因究明

ことはできません。実際の事件を刑法にあてはめるには，事案の真相を解明し，犯人に刑罰を科すための手続が必要です。具体的には，様々な証拠を収集し，①本当に犯罪が発生したのか，②犯人は誰なのか，③どのような犯罪が成立するのか，また，④犯罪の態様や動機などの具体的な情状を明らかにし，それを踏まえて，犯人にどのような刑罰を科すべきかを判断しなければなりません。

　このような現実の事件に刑法を適用するための一連の手続を「**刑事手続**」といいます。そして，刑事手続のルール（⇨*Column*）を定める中心的な法律が**刑事訴訟法**です。

Column　刑事手続に関するルール

　刑事訴訟法以外にも，憲法や条約，法律，政省令，裁判所の判例などが刑事手続についてルールを定めています。

　なかでも，特に重要なのは憲法（31条〜40条）です。その理由は，憲法が最高法規であることに加え，その制定過程において，それ以前に見られた捜査権限の濫用や自白の強要などに対する強い反省がなされ，その結果として，憲法に刑事手続に関する詳細な規定が設けられたという経緯があるからです。

---

(2) 刑事手続の基本的な流れ

　犯罪の疑いのある事件（⇨p.46*Column*）が発生すると，**捜査**が行われます。そして，捜査活動が一段落すると，検察官が裁判所に犯人の処罰を求める必要があるか否を検討し，必要があると判断すれば，公訴が提起（**起訴**）され，刑事裁判が始まります。刑事裁判手続のうち，公開の法廷で行われるものを**公判**といいます。

第2章　基礎編

公判は，通常は地方裁判所で第一審が行われ，審理手続を経て**判決**が言い渡されます。この判決に不服がある場合，高等裁判所に**控訴**することができ，控訴審の判決に不服があれば，さらに最高裁判所に**上告**することができます（三審制）。このような刑事裁判手続を経て有罪判決が確定すると，刑が**執行**されます。

Column　犯罪の疑いのある事件

　第2講で学んだ「犯罪」は，厳密に言えば，裁判所の有罪判決が確定して初めて成立するものです。したがって，有罪判決が確定する前は，「犯罪が発生した」ではなく，「犯罪の疑いのある事件が発生した」という表現を用いるべきです。

　これらを意識して使い分けることで，「**無罪推定の原則**」（⇨本講Ⅱ2）や「**疑わしきは被告人の利益に**」という言葉の意味を正しく理解することができるようになるでしょう。

2．捜査

(1) 捜査の意義

　犯罪の疑いのある事件が発生すると，捜査が開始されます。冒頭の事例のように，胸にナイフが刺さった死体が発見された場合，警察は，**司法解剖**（⇨第7講Ⅱ2）によって死因を明らかにするとともに，ナイフから指紋を採取し，目撃者がいれば話を聞き，犯人と疑われる者がいれば取調べを行い，必要があれば逮捕します。このように，事案の真相を明らかにするために行われる様々な活動を**捜査**といいます。

第3講　刑事手続と死因究明

　捜査により**被疑者**（⇨*Keyword*）を特定し公訴を提起しても，公判において**被告人**が犯人であることや犯罪の成立（⇨**第2講II**）が証拠により証明されなければ，無罪が言い渡されます。また，罪を犯した者に適正な刑罰を科すには，証拠によって犯行態様や動機などの情状に関する事実関係も明らかにする必要があります。このように，捜査は後の公判のための準備活動でもあります。

Keyword　「被疑者／被告人」

　法律用語では，犯人と疑われる者を**被疑者**（捜査段階），起訴された者を**被告人**といいます（公判段階）。報道や小説では「容疑者」や「被告」と呼ぶことがありますが，刑事事件の被疑者や被告人を「容疑者」「被告」と呼ぶ法曹関係者はいません。

---

(2) 強制捜査と任意捜査

　「捜査」と聞くと，被疑者が手錠をかけられ警察に連行される姿のような強制的なものをイメージする読者もいると思います。

　しかし，実は，相手方の同意がなくても強制的に実施することができる**強制捜査**は，ⓐ人の身柄を拘束する**逮捕・勾留**や，ⓑ物に対する強制捜査である**捜索・差押・検証**など，数種類しか存在しません。このような強制捜査の手法を，**強制処分**といいます。

　強制処分は，相手方に対する深刻な人権侵害となるおそれがあることから，法律に特別の定めがある場合でなければ，実施することができません（**強制処分法定主義**，刑事訴訟法197条1項ただし書）。また，強制処分は，事前に裁判官の発する令状を得なければ行うことができません（**令状主義**，憲法33，35条参照）。

第2章　基礎編

参照条文

刑事訴訟法197条1項ただし書き　強制の処分は，この法律に特別の定のある場合でなければ，これをすることができない。

憲法33条　何人も，現行犯として逮捕される場合を除いては，権限を有する司法官憲が発し，且つ理由となっている犯罪を明示する令状によらなければ，逮捕されない。

憲法35条1項　何人も，その住居，書類及び所持品について，侵入，捜索及び押収を受けることのない権利は，第33条の場合を除いては，正当な理由に基いて発せられ，且つ捜索する場所及び押収する物を明示する令状がなければ，侵されない。
　2項　捜索又は押収は，権限を有する司法官憲が発する各別の令状により，これを行ふ。

　これに対し，原則として相手方の同意を得て行う捜査を**任意捜査**といいます。捜査活動のうち，上述した強制処分以外は，すべて任意捜査です。捜査活動は任意捜査によって行うのが原則であり（**任意捜査の原則**），強制捜査が認められるのは，特に必要があると認められるときに限られます。また，捜査活動は，目的や必要性に応じた手段や態様で行われなければなりません（**捜査比例の原則**）。したがって，たとえ任意捜査であっても，具体的状況に照らし，相手方の法益侵害の内容や程度と，捜査目的を達成するために当該捜査手段を用いる必要性や緊急性とを比較衡量し，相当と認められる範囲でのみ，許容されると考えられています。

　このように，捜査活動には，**適正手続の保障**（⇨本講Ⅱ1）の観点や，捜査活動による人権の制約をできる限り避ける観点から，一見すると，事案の真相を解明し犯人を処罰するという刑事手続の目的を損なうように思われる様々な制約が加えられています。

48

第3講　刑事手続と死因究明

3．公訴の提起

(1) 公訴の提起（起訴）とは

　捜査に区切りがつくと，検察官が裁判所の審理を求めるかどうかを判断します。個々の事件について裁判所に審理を求めることを**公訴の提起**または**起訴**といい，これによって刑事裁判が開始され，被疑者は被告人（⇨p.47*Keyword*）となります。

　公訴を提起することができるのは，原則として検察官だけです（**起訴独占主義。**⇨*Column*）。ただし，世界的には様々であり，イギリスのように私人による訴追を認めている国や，アメリカのように，事案により抽選で選ばれた市民の代表者が起訴するかどうかを決める大陪審（起訴陪審）制度を採用している国もあります。なお，公訴の提起と追行（合わせて「訴追」と呼びます）を検察官という国家機関が行うことを**国家訴追主義**といいます。

Column　検察審査会による強制起訴

　刑事訴訟法247条は，「公訴は，検察官がこれを行う」と規定して**起訴独占主義**を定めていますが，検察官が起訴しない（不起訴）と判断した事件について，抽選で選ばれた市民で構成される**検察審査会**が2度にわたり起訴を相当とする議決を行った場合，裁判所が指定した弁護士が，検察官に代わって当該事件の訴追を行います（検察審査会法41の9以下）。

　裁判所から指定された弁護士は，被疑者が死亡したなどの例外的な場合を除き，速やかに公訴を提起しなければならないため，「強制起訴」と呼ばれます。

第2章　基礎編

(2) 不起訴処分と起訴便宜主義

　捜査の結果，検察官が公訴を提起しないと決定することを**不起訴処分**といいます。このうち，証拠から犯罪の嫌疑が十分に認められるにもかかわらず，検察官が情状を考慮して公訴を提起しないことを**起訴猶予**といいます。このように，起訴するか否かの判断について検察官に一定の裁量を認めることを**起訴便宜主義**といいます（刑事訴訟法248条）。

　起訴便宜主義が設けられている趣旨は，公訴を提起できる場合であっても，裁判所に審理を求める必要が乏しい事件については，被疑者が過重な不利益を受けることのないよう，不起訴にすることを可能にする点にあります。

参照条文

刑事訴訟法248条　犯人の性格，年齢及び境遇，犯罪の軽重及び情
　　状並びに犯罪後の情況により訴追を必要としないときは，公
　　訴を提起しないことができる。

4．公判

(1) 刑事裁判の種類

　公訴が提起されると，刑事裁判が開始されます。刑事裁判には，公開の法廷で審理される**公判手続**と，万引きなどの比較的軽微な事件について書面のみで審理される**略式手続**があります。また，刑事裁判には，裁判官のみで審理する通常の裁判と，一般人から選ばれた裁判員が裁判官とともに審理する**裁判員裁判**があります。

第3講　刑事手続と死因究明

　故意の犯罪行為により被害者を死亡させた罪は，そのほとんどが裁判員裁判の対象とされているため，死因究明と深く関わる犯罪類型（⇨第2講Ⅲ）の多くは，裁判員裁判で審理が行われます。

(2) 刑事裁判の第一審手続（裁判員裁判）

　複雑な事件の場合，争点について整理しないまま公判手続を行うと，判決までに非常に長い期間を要することがあります。そのため，裁判員裁判については，公判期日の前に裁判所・検察官・弁護人が争点や証拠関係の整理を行い，審理計画を立てる手続（**公判前整理手続**）を行います（裁判員裁判以外でも，裁判所が必要と認めた場合は，公判前整理手続に付されることがあります）。

　公判手続は，**冒頭手続→証拠調べ手続→弁論手続→判決**の順に行われます。裁判員裁判では，連日にわたって集中的に審理されるのが通例で，また，公判前整理手続で決められた審理計画に従って進行するため，当事者は，定められた時間の中で適切に公判活動をしなければなりません。そのため，司法解剖を行った医師が証人として出廷する場合，限られた時間内で裁判員にわかりやすく証言する必要があり，実務上様々な工夫が行われています。

(3) 当事者主義

　日本の刑事裁判は**当事者主義**を採用しています。当事者主義とは，裁判の当事者が対等・平等な立場で主張や立証を行い，これを裁判所が客観的・中立的な立場で判断し，最終的に裁判の勝敗を決めるという原則です。裁判員裁判では，検察官と被告人・弁護人が当事者となり，裁判官と裁判員が判断を行います。

第2章　基礎編

Column　当事者主義と職権主義

　当事者主義と異なり，裁判所が積極的に主導権を発揮する裁判形式を職権主義といいます。日本でも，大正11年に制定された旧刑事訴訟法は職権主義を採用していましたが，職権主義の下では，裁判所が検察官と一緒になって被告人を糾弾したり，有罪証拠を探し求めたりすることがあり得るため，戦後に行われた司法改革の結果，旧刑事訴訟法は廃止され，当事者主義を採用する現在の刑事訴訟法が制定されました。

　ただし，刑事裁判の両当事者は，裁判に臨む組織体制において対等ではないことに注意が必要です。刑事裁判では，訴追する側は検察官という国家機関であり，警察が収集した大量の証拠や資料をもとに主張立証を行うのに対して，私人である被告人や弁護人は，多くの場合何も持たない状態で裁判に臨む必要があります。そのため，刑事訴訟法は，検察官に立証責任を負わせるとともに（⇨**本講Ⅱ2**参照），被告人に**黙秘権**（憲法38条1項）や**弁護人選任権**（憲法37条3項）を保障しており，これらの権利は，公正な刑事裁判を実現する上でも，重要なものといえます。

参照条文

憲法37条3項　刑事被告人は，いかなる場合にも，資格を有する弁護人を依頼することができる。被告人が自らこれを依頼することができないときは，国でこれを附する。

憲法38条　何人も，自己に不利益な供述を強要されない。

第3講　刑事手続と死因究明

II　刑事手続の基本原則

Case 5　Case 4 の被疑者が逮捕され起訴された事例

*Case 4*の事例において，その後の捜査により，事件直前に被害者の知人 E が凶器と特徴の一致するナイフをホームセンターで購入していたことが判明し，警察が任意同行を求めて取調べを行ったところ，被害者を刺して殺したと供述したため，警察は，E を殺人の疑いで逮捕した。

その後，司法解剖によって被害者の死因が胸部の刺創による出血性ショック死であることが判明し，また，被害者の胸部に刺さっていたナイフから E の指紋が検出されたことから，検察官は，E を殺人の罪で起訴した。

---

*Case 5*では，捜査により，被害者の死が胸部刺創による出血性ショック死であり，かつ，被害者の胸部に刺さっていたナイフから E の指紋が検出されたことなどから，検察官は，①被害者の死が犯罪によるものであり，かつ，②犯人が E で，③殺人罪が成立すると判断し，E を起訴しています。

この後，本件は裁判員裁判で審理されることとなりますが，裁判員に選任された場合，どのようなことに注意して公判に臨むべきでしょうか。

以下では，裁判員裁判を念頭に，刑事手続における基本原則について見ていきましょう。

53

第2章　基礎編

1．適正手続の保障

　刑事手続は，犯人に刑罰という峻厳な制裁（⇨第2講Ⅰ3）を科すための手続です。このような重大な判断に万が一にも誤りがあってはなりませんし，判断に至る過程がいい加減では，国家の信頼を損なうことになりかねません。そのため，刑罰を科すには，必ず法の定める公正で慎重な手続を経なければならず，このことが，当事者間の合意による私的解決が認められる民事事件と決定的に異なります（**民事事件につき，** ⇨**第5講Ⅰ1(1)**）。

　上記の要請から，刑事裁判だけでなく，捜査活動も，公正・慎重であるべき刑事手続にふさわしい適正さを保っていなければなりません（**適正手続の保障**，憲法31条）。また，最終的に刑罰を科せられなかったとしても，捜査活動それ自体による人権の制約は否定できません。これらのことから，刑事訴訟法は，捜査段階と公判段階を通じて，一見すると事案の真相を解明して犯人を処罰するという刑事手続の目的を損なうように思われる様々な制約を定めています（刑事訴訟法1条参照）。

参照条文

憲法31条　何人も，法律の定める手続によらなければ，その生命若しくは自由を奪はれ，又はその他の刑罰を科せられない。

刑事訴訟法1条　この法律は，刑事事件につき，公共の福祉の維持と個人の基本的人権の保障とを全うしつつ，事案の真相を明らかにし，刑罰法令を適正且つ迅速に適用実現することを目的とする。

第3講　刑事手続と死因究明

2．無罪推定の原則

　無罪推定の原則とは，何人も，裁判所により有罪とされるまでは無罪と推定されることをいいます（国際人権規約B規約14条2項）。この無罪推定の原則は，狭い意味では，検察官が，裁判所に対し**合理的な疑いを超える証明**をすることができなければ，被告人は有罪とされず，無罪が言い渡されることを意味します（**疑わしきは被告人の利益に**。刑事訴訟法336条）。

参照条文

国際人権規約B規約（市民的及び政治的権利に関する国際規約）
　14条2項　刑事上の罪に問われているすべての者は，法律に基づいて有罪とされるまでは，無罪と推定される権利を有する。
刑事訴訟法336条　……被告事件について犯罪の証明がないときは，判決で無罪の言渡をしなければならない。

　これに対し，広い意味では，刑事裁判の場に限らず，何人も，裁判所の有罪判決が確定するまでは有罪として取り扱われないことをいいます。わが国では，被疑者が逮捕や起訴されると，あたかも犯人で間違いないかのような報道がされ，社会的には，既に有罪が確定したように取り扱われることがあり，これを批判して無罪推定の原則に反する，と言う場合は，こちらを意味します。
　いずれにせよ，有罪判決が確定するまでは，裁判の場でも社会においても，被疑者や被告人を有罪として取り扱うことは許されません。裁判員に選任された場合は，特にこのことに留意して，予断や先入観を排除して審理に臨むべきでしょう。

55

第2章　基礎編

3．証拠裁判主義

(1) 証拠に基づく事実認定の必要性

　刑事裁判は，最終的に被告人が有罪か無罪かを判断するために行われますが，適正な判断を下すには，前提となる事実を適切に認定する必要があります（⇨**第8講**参照）。裁判所が証拠に基づかず思い込みで事実認定をすると，適正な判断を下すことは不可能です。そこで，刑事訴訟法317条は「事実の認定は，証拠による」と規定し，事実認定は証拠に基づいてなされなければならないことを明文で定めています。これを**証拠裁判主義**といいます。

(2) 刑事裁判における「証拠」の意味

　証拠裁判主義を定めても，あらゆる資料を刑事裁判の「証拠」として用いることができるとすると，虚偽の内容の資料に基づいて真実とは異なる事実が認定されるおそれがあり，法が証拠裁判主義を採用した意味がなくなってしまいます。

　また，被疑者や関係者の人権を侵害するような違法な捜査活動を防止するには，あらかじめ，そのような手段で獲得した資料を刑事裁判の「証拠」として用いることができないことにしておくことにより，捜査機関が違法に資料を集めることの意味をなくし，違法な捜査活動を抑止する必要があります。

　そこで，法は，刑事裁判において「証拠」として用いるための資格（要件）を定めています。このような個々の資料を刑事裁判の「証拠」とするための資格を**証拠能力**といい，証拠能力を判断するための原則を**証拠法則**といいます。

(3) 証拠能力と証明力の区別

証拠能力と証明力は混同されがちですが，**証拠能力**は，刑事裁判における「証拠」とするための資格を意味するため，その有無のみが問題となるのに対し，**証明力**は，当該証拠が特定の事実を証明する力を意味することから，その程度が問題となります。

したがって，刑事裁判においては，まず，当事者が証拠として提出しようとする書類や物，供述等について，証拠法則を用いて証拠能力の有無を判断し，裁判所が証拠能力ありと認めたものだけが当該刑事裁判における「証拠」となります。そして，証拠能力が認められて初めて，当該「証拠」が事実を証明する力（証明力）をどの程度有しているのかが判断されることになります。

(4) 刑事裁判における「真実」の意味

証拠法則の説明に入る前に，刑事裁判における「真実」の意味について，確認しておきます。

第二次世界大戦終結前は，旧刑事訴訟法が採用していた職権主義（⇨p.52*Column*）の下，警察や検察が抱いた犯罪の嫌疑を裁判所が引き継ぐ形で公判手続が行われていました。しかし，現行の刑事訴訟法は，人権保障の観点から，捜査段階における被疑者の取扱いや証拠の収集を**適正手続**という理念に基づいて厳しくコントロールした上で，公判手続について当事者主義（⇨**本講Ⅰ4(3)**）を採用し，裁判所は，自ら積極的に職権を行使して証拠を収集し客観的・絶対的真実を発見するのではなく，検察官の主張する犯罪事実を当事者が提出した証拠から認定できるか否かを，公正・中立に審理することになりました。

第2章　基礎編

　この結果，刑事裁判における「真実」は，客観的・絶対的な真実ではなく，法の定める手続に則って裁判所が認定した真実，すなわち「訴訟的真実」と表現すべきものへと変化しました。これにより，現在の刑事裁判では，「証拠」によって裁判所が認定した事実のみが「真実」とみなされるようになったのです。

　このような刑事裁判における「真実」の考え方は，次に説明する証拠法則を正しく理解する上で，極めて重要です。

4．証拠法則

　証拠法則は，前述のように，当事者の提出した証拠が証拠能力を有するか否かを判断するための諸原則を意味し，伝聞法則，自白法則，違法収集証拠排除法則の3つの原則があります。

(1) 伝聞法則

　伝聞法則とは，伝聞証拠を排除するための原則であり，刑事訴訟法320条1項に定めがあります。

参照条文

刑事訴訟法320条1条　第321条乃至第328条に規定する場合を除いては，公判期日における供述に代えて書面を証拠とし，又は公判期日外における他の者の供述を内容とする供述を証拠とすることはできない。

　伝聞とは，要するに「また聞き」のことです。例えば，*Case 5* の事案において，Fという人が「ホームセンターの店員のGさんが『事件直前にナイフを買った人物がEに似ていた』と言ってい

第3講　刑事手続と死因究明

た」と供述したとしましょう。この場合，Fの供述から認定できるのは，せいぜい「Gがそのような発言をした」という事実にとどまり，Fからどれだけ詳しく事情を聞いても，Gの発言の内容の真実性，つまり「事件直前にナイフを買った人物がEに似ていた」ことが本当なのか，それとも見間違いや単なる冗談などであったのかを確かめることはできません。Gの発言内容の真実性を確認するには，G本人に直接尋ねるべきです。

　このように，上記のFの供述は，裁判官や裁判員にとって伝聞（また聞き）であり，その内容が真実であることを確認することができないことから，Fの供述が信用できるかどうかとは関係なく，原則として証拠能力が否定されます。

　なお，この伝聞法則については刑事訴訟法321条以下に各種の例外が定められており，**伝聞例外**と呼ばれます。

(2) 自白法則

　捜査段階での取調べでなされた自白について，刑事訴訟法319条1項は，**自白法則**というルールを定めています。

　自白法則は，特定の状況でなされた自白は，刑事裁判の「証拠」として使えないことを意味します。例えば，取調官が被疑者を殴って無理やりに自分が犯人であると自白させたケースでは，この自白には証拠能力が認められません。

参照条文

刑事訴訟法319条1項　強制，拷問又は脅迫による自白，不当に長く抑留又は拘禁された後の自白その他任意にされたものでない疑のある自白は，これを証拠とすることができない。

第2章　基礎編

　自白法則の根拠については，任意にされたものでない自白は虚偽の危険が高いため排除すべきという見解（**虚偽排除説**）や，黙秘権の侵害のおそれがあることから排除すべきという見解（**人権擁護説**）が提唱されていますが，いずれの見解にも難点があり，現在では，自白を得た手段が違法である場合には証拠から排除すべきであるという見解（**違法排除説**）が主流となっています。

(3) 違法収集証拠排除法則

　凶器のナイフなどの物には，人の供述と異なり，その性質上，内容に虚偽が含まれることは原則としてありません。そのため，物証については，自白のように類型的に証拠能力を制限する必要性は乏しく，憲法も刑事訴訟法も，特に規定をおいていません。

　しかし，捜査・公判を通じて公正・慎重な手続であるべき刑事手続は，結果が間違っていなければどんなやり方であっても許されるというわけではなく，憲法31条に照らし，適正な手続で行われなければなりません。このような観点からは，前述したように，あらかじめ違法な捜査によって獲得された証拠は刑事裁判で使用することができないとすることで，違法捜査の抑止を図る必要があります。また，違法に収集された証拠を排除することは，違法収集証拠によって有罪判決を受けることを防ぎ，実際に違法捜査を受けた個々の被告人の権利を救済することにつながります。

　このような考え方は，20世紀初頭のアメリカで芽生え，20世紀後半に日本の最高裁判所もこれを採用しました。この**違法収集証拠排除法則**は，憲法や刑事訴訟法のような制定法に定められているものではなく，判例上の法理である点に大きな特徴があります。

60

第3講　刑事手続と死因究明

5．自由心証主義

　最後に，刑事裁判における「証拠」の証明力を判断する上での原則である自由心証主義について説明します。

(1) 自由心証主義とは？

　刑事訴訟法318条は「証拠の証明力は，裁判官の自由な判断に委ねる」と規定して**自由心証主義**を定めています。この自由心証主義は，裁判官を信頼して，証拠の証明力に関する判断を裁判官の自由な心証に委ねるという近代刑事司法の大原則です（これに対置される考え方を法定証拠主義といいます）。

　特定の証拠があれば有罪を認定しなければならない，あるいは特定の証拠がなければ有罪にすることはできないという，過去に法定証拠主義を採用していた法制度の下では，必要とされる特定の証拠（多くの場合は自白）を得るために拷問がはびこり，結果的に誤判が頻発することになりました。この反省から，人の理性に対する信頼を基盤に証拠を評価すべきとする見解が主張されるようになり，自由心証主義が近代刑事司法の原則となったのです。

(2) 心証の程度

　自由心証主義の下では，裁判官は自由に心証を形成し，有罪の心証が一定基準に達した場合，有罪の判決を言い渡すことになります。しかし，刑事裁判においては「**疑わしきは被告人の利益に**」の大原則が存在するため，有罪認定の基準はかなり高度なものでなければなりません。英米法ではこの基準を「**合理的な疑いを超える証明**（beyond reasonable doubt）」といい，ドイツ法では「確

61

第2章　基礎編

実性に接着する蓋然性」と表現しています。

　この点に関し，日本では，犯罪の証明に**高度の蓋然性**が必要であると判示した最高裁判例（最判昭和48年12月13日判時725号104頁）や，**合理的な疑いを差し挟む余地のない程度の立証**が必要であると判示した最高裁判例（最決平成19年10月16日刑集61巻7号677頁）が存在します。

最判昭和48年12月13日判時725号104頁

「刑事裁判において『犯罪の証明がある』ということは『高度の蓋然性』が認められる場合をい〔い〕，……反対事実の存在の可能性を残さないほどの確実性を志向したうえでの『犯罪の証明は十分』であるとの確信的な判断に基づくものでなければならない」

（証拠関係に照らし被告人を犯人とするには合理的な疑いが残るとして，無罪言渡し）

最決平成19年10月16日刑集61巻7号677頁

「刑事裁判における有罪の認定に当たっては，合理的な疑いを差し挟む余地のない程度の立証が必要である。ここに合理的な疑いを差し挟む余地がないというのは，反対事実が存在する疑いを全く残さない場合をいうものではなく，抽象的な可能性としては反対事実が存在するとの疑いをいれる余地があっても，健全な社会常識に照らして，その疑いに合理性がないと一般的に判断される場合には，有罪認定を可能とする趣旨である」

（証拠関係に照らして被告人が犯人であると合理的な疑いを差し挟む余地のない程度に証明されたとして第一審の有罪判決を是認）

第3講　刑事手続と死因究明

本講のポイント

● 刑事手続は，大きく捜査と公判に分かれる。

● 捜査には任意捜査と強制捜査があるが，任意捜査が原則で，強制捜査は法に特別な定めがなければすることができない。

● 公訴を提起するか否かは，原則として検察官が判断する。また，情状を考慮して起訴を猶予することも認められる。

● 刑事裁判には通常の裁判と裁判員裁判があり，死因究明が深く関わる犯罪類型の多くは裁判員裁判で審理される。

● 刑事手続においては，捜査・公判を通じ，適正手続の保障が極めて重要である。

● 刑事裁判の証拠となるための資格を証拠能力といい，当該証拠が特定の事実を証明するための力を証明力という。

● 証拠能力の有無を判断する際の原則を証拠法則といい，伝聞法則や自白法則，違法収集証拠排除法則がある。

● 証拠の証明力を裁判官の判断に委ねる原則を自由心証主義という。ただし，有罪判決を言い渡すには，合理的な疑いを超える証明が必要と考えられている。

〔主な参考文献〕

• 本間一也ほか編著『New Live刑事法』（成文堂，2009年）

• 中川孝博『刑事訴訟法の基本〔第2版〕』（法律文化社，2023年）

• 白取祐司『刑事訴訟法〔第10版〕』（日本評論社，2021年）

第2章　基礎編

第4講

民事責任と死因究明

はじめに

　本講では，民事責任，なかでも死因究明との関係から不法行為責任を取り上げ，主に医療事故を想定して，その位置づけや基本的な内容を解説します。不法行為責任の主要な要件である「過失」と「因果関係」については，死因究明と密接な関係にあることから，一歩踏み込んだ解説をします。

　本講の主な目的は，以下の3つです。

本講の目的

① 不法行為制度の位置づけや，その基本的な内容を知る。

② 不法行為責任の主要な要件である「過失」や「因果関係」について，その基本的な内容と判断方式を知る。

③ 医療過誤訴訟の位置づけや死因究明との関係，その審理の特徴について知る。

第4講　民事責任と死因究明

> ### *Case 6*　部分麻酔による手術を受けた患者が死亡した事例
>
> 　腹痛を覚えたHは，I病院で診察を受け，勤務医Jによる虫垂切除手術を受けることになった。手術に先立ち，Hに部分麻酔が実施された。麻酔剤の添付文章（能書き）には，副作用への対策として麻酔からしばらくは2分毎に血圧を測定すべきとの記載があったが，当時の一般開業医には5分毎の測定が常識であったため，Jも5分毎の測定を指示し，手術開始時に測定して以降，4分間はHの血圧が測定されることはなかった。手術開始から4分後，Hが突然チアノーゼ状態に陥ったため，急いでHの血圧を確認してみると，その数値はすでに急低下した状態にあった。Jは手術を中止して救急措置を行ったが，Hは心停止に陥り，そのまま蘇生することなく死亡してしまった。

　*Case 6*は，最判平成8年1月23日民集50巻1号1頁が前提とした事実関係をベースに，その一部を修正して作成したものです。この事例では，Hの死亡が医療過誤によるものであったのかが問題の核心となります。つまり，J医師やI病院に民事責任が認められるかを判断するには，能書きに反するモニタリング指示の合理性や，バイタルチェックと死亡との関連性を検討する必要がある，というわけです。そうした検討は，言うまでもなく，Hの死因究明と大きく重なるものになります。

　本講では，民事責任を医療事故（⇨p.66 *Column*）との関係から解説します。医療事故はすべての診療科目で存在しうるものですが，医療訴訟で少なくない割合を占める麻酔事故を取り上げます。

第2章　基礎編

Column　医療事故と医療過誤

　医療事故とは，医療行為の結果として望ましくない結果が予想外に生じた場面を意味しますが，医療は不確実なものであるため，医師や病院が常に責任を負う訳ではありません。

　医師や病院が民事責任を負うのは，あくまで民法の定める責任要件を満たした場合に限られ，そのような場面を，特に**医療過誤**と呼びます。本章は医療事故のうちどのような場面が医療過誤と評価され，そのとき医師や病院がどのような責任を負うのかを説明するものともいえます。

I　不法行為責任

1．民法と「死」

　民事責任は，民法に定められた制度の1つです。この**民法**は，私人間の基本的な法律関係を定める一般法で，民事責任をはじめ，私たちの生活と関わりの深いルールを数多く設けています。民法に定められたルールには，所有や契約といった日々の生活に不可欠なものから，結婚や出産といった人生の一大イベントに関するものまで，様々なものがあります。そして私たちの人生で避けることのできない，それでいて重大な転機となる人の死についても，民法は大きく2つの方向からルールを定めます。

第4講　民事責任と死因究明

　まず，民法は，人の死を**相続の開始原因**とします（民法882条）。両親や配偶者が死亡したとき，私たちは他の相続人と協議してその財産を分割します。ただし故人が遺言を残していた場合，財産は遺言の内容に沿って分割されますが，遺言が効力を生ずるのも故人が死亡した時点です（民法985条1項）。

> ### *Column*　相続欠格と死因究明
>
> 　子や妻は，親や夫の相続人となる一般的な資格が認められていますが，相続目的で故意に被相続人である親や夫を殺害し，刑に処せられた場合には，その資格を当然に喪失することになります(民法891条1号)。そのため相続問題の解決にあたっても，死因究明が重要な役割を果たすことがあります。

　また，民法は，人の死を**民事責任の発生原因**の1つとします。例えば，過失によって他人を死亡させたとき，その行為は生命というかけがえのない権利を侵害する不法行為と評価され，加害者は遺族に慰謝料などを賠償する責任を負います（民法711条）。

　民法は，人の死を発生原因とする2つの場面について，故人の死と向き合う遺族のために，相互に関連付けて定めています。*Case 6* の事例でも，Hの相続問題とHの死に関するJ医師やI病院の責任問題とは同時に発生し，実際には，遺族が両者を分けて解決することは困難です。もっとも，本講では，死因究明がより大きな役割を果たす民事責任を，ひとまず相続とは区分して，その基本的な内容を見ていくことにします。

67

第2章　基礎編

2．契約責任と不法行為責任

　一口に民事責任といっても，民法に定められた責任は，大きく契約責任と不法行為責任とに区分されます。

　契約責任は，契約に従った履行をしない債務者に，その不履行によって生じた損害を賠償させるというものです（民法415条）。例えば，売却した自動車を正当な理由もなく10日遅れて引き渡した売主は，契約責任として，10日分の代車レンタル費用を賠償する義務を負います。この責任は，私たちが自由に合意した契約を保障すべく，合意内容が実現されなかった債権者に損害賠償という救済手段を認めるものです。

　不法行為責任は，過失によって他人の権利を侵害した加害者に，権利侵害によって生じた損害を賠償させるというものです（民法709条）。例えば，自転車のわき見運転で歩行者に追突し怪我を負わせた運転手は，不法行為責任として，怪我の治療費を賠償する義務を負います。この責任は，法が私たちに認める権利を実効的に保障すべく，その権利を違法に侵害された被害者に損害賠償という救済手段を認めるものです。

　民事責任では，通常いずれか一方の責任のみが検討されますが，医療事故では契約責任と不法行為責任の双方が問題となりえます（⇨**第5講***Case 7*参照）。なぜなら，患者の健康を害する不適切な医療行為は，過失による権利侵害と評価できると同時に，病院と**診療契約**（⇨p.69*Keyword*）を結ぶ患者にとっては，契約の不履行とも評価できるからです。もっとも，医療では生命・身体など権利の保護が重視され，医療行為の合理性は医学的知見に沿って客観

的に判断される必要があることから，一般に医療訴訟では専ら不法行為責任の有無が審理されます。そのため本講でも，医療事故との関係から，とくに不法行為責任について解説します。

Keyword 「診療契約」

　診療契約とは，病院が診断・治療など医療の提供義務を負い，患者が報酬の支払義務を負うことを主たる内容とする契約です。診療契約は民法で直接には定められておらず，役務の提供を目的とする**準委任**（民法656条）の一種だと考えられています。

　もっとも準委任の規定は，医療提供に不可欠な「説明」に関するルールを欠いており，また破産を終了事由とするなど，診療契約に相応しいものとはなっていません。諸外国の民法には診療契約の定めを置くものも多く，近い将来，日本の民法にも診療契約に関するルールが取り入れられるかもしれません。

3．責任の成立

　不法行為責任は，権利を侵害された被害者に損害賠償という救済手段を認めるものです。この責任のために民法は様々な規定を設けていますが，まずは**出発点にある責任の成立**に関するルール，つまり誰がどのような場合に不法行為責任を負うのかについて解説します。

　民法は，原則として他人の権利を違法に侵害した加害者に，不法行為責任を負わせます。このルールは責任の一般規定である**民**

第2章　基礎編

法709条に定められており，具体的には，「故意又は**過失によって**」他人の権利を侵害した者が，被害者に生じた損害を賠償しなければならないものとされています。

　このルールの特徴は，過失が「又は」で故意と並記される点にあります。刑事責任については，故意犯が原則とされ，過失犯は特別の規定がある例外的な場面に限って処罰されます（⇨**第2講Ⅱ2**）。これに対し，民法は，不法行為責任についてそのような区別をしていません。民法709条は，故意による権利侵害の場合と過失による場合を区別せず等しく責任を成立させるため，同条は，一般に**過失責任の原則**を定めるルールだと理解されています。

Column　過失責任主義

　責任の成立に過失を必要とする立場のことを，過失責任主義といいます。民法709条は過失責任主義を採ることで，他者の権利を結果的に侵害してしまった場合でも，その**行為に過失が認められないときは，原則として責任を負う必要がない**ものとしています。

　その理由は，自由な言論が他者の名誉を毀損することがあるように，社会的な存在である私たちは，常に他者の権利と衝突するリスクを抱えていて，**行動の自由を保障**するには，そうしたリスクにも配慮しておく必要があるためです。また行為の結果に常に責任を負わなくてはならないとすれば，医療のような**社会的に有用な行為**でさえ，実施に伴うリスクのために実現が困難なものとなってしまいますが，そうした帰結が望ましいとは到底いえないでしょう。

第4講　民事責任と死因究明

　ただし民法は，他人の権利を違法に侵害した加害者のみに責任を負わせるわけではありません。例外的に，加害者と一定の立場にある関係者にも責任を負わせることがあります。その代表例が**使用者責任（民法715条）**です。使用者は，自らの業務のため被用者を指揮・監督し，その活動から利益を得る立場にいる以上，被用者が業務中に不法行為を行った場合には，**被用者と連帯して被害者の損害を賠償**しなくてはならないものとされています。

　では，*Case 6*の事実関係を責任の成立に関するルールにあてはめてみましょう。*Case 6*では，Ｊ医師によるモニタリングの指示が「過失」にあたり，その過失「によって」Ｈの生命という権利が侵害されたと評価されるとき，Ｊ医師に不法行為責任が成立します（「過失によって」の詳細は，本講Ⅱで解説します）。そして，Ｊ医師はＩ病院の勤務医ですから，Ｊ医師に不法行為責任が成立するのであれば，Ｉ病院も連帯して使用者責任を負担すべきことになります。

Column　医療訴訟の「副作用」

　医療訴訟が数多く提起されると，それだけ医師や病院の負担が増すことになります。特に産科医療では分娩時の事故をめぐる紛争の多発が産科医不足を招いたため，産科医療体制を確保すべく**産科医療補償制度**が創設されました。

　この制度では，分娩時に重度の脳性麻痺に罹患した被害児家族を対象に，産科医の責任を前提とせず，看護のための**補償金**を支給し，専門委員会による事故原因の医学的な分析結果を通知するものとしています。

第2章　基礎編

4．責任の内容

　責任の成立が出発点にあたるとすれば，到達点に位置づけられるのが**責任の内容**です。不法行為責任が成立したとき，加害者は被害者との関係で，どのような責任を負担するのでしょうか。

　不法行為制度の目的は，権利を侵害された被害者に救済を認める点にあるのでした（前述2参照）。この目的は，侵害された権利を原状に復すること，つまり**原状回復**でより良く達成されます。例えば所有する時計が壊されたとき，時計が修理され，元通り時を刻み始めれば，救済は達成されたといえるでしょう。ただし原状回復は，加害者自身に実施させる必要はありません。時計を壊した加害者が，いつも時計職人とは限らないからです。また原状回復は，常に可能なわけでもありません。故障の程度が著しく，再び時を刻ませることができない場合もあるからです。

　そのため民法は，権利侵害に由来する損害を加害者に賠償させ，権利が原状に復された状態を**金銭的**に実現することで，被害者の救済を図ることにしました。時計の所有者は，加害者に時計の修理それ自体を求めることはできず，通常は修理費用を，修理が困難な場合には時計の市場価値の支払を請求できるというわけです。

　ただし請求できる具体的な額は，権利侵害が原因となって実際に生じた損害額のうち，その発生が**法的に相当**と評価される範囲に限られます。不必要な工程が組み込まれ，不相当に高額となった修理費まで賠償範囲に含めると，救済に名を借りた不当な利益取得を認める結果となってしまうからです。

　責任の内容に関する以上のルールは，*Case 6*のような事例では

72

第4講　民事責任と死因究明

どのように具体化されるのでしょうか。当然のことながら，Hが再び息を吹き返すことはありません。そのためJ医師やI病院は，Hの死亡に責任を負う場合，その死亡に由来する損害を賠償し，Hが生存したなら存在するであろう状態を金銭的に実現しなくてはなりません。具体的には，Hの死亡により遺族は深い悲しみを覚えますから，精神的苦痛を償うため**慰謝料**を支払います。またHが退院し，職場に復帰したなら給与をもらい続けたはずですから，そうした**逸失利益**も賠償する必要があります。

　ただし賠償額は，あくまで生存したならHが置かれるであろう状況を基準に算定されます。仮にJ医師が2分毎のモニタリングを指示し，血圧低下が早期に発見され，救命措置によりHが助かったとしても，なお後遺症が残されたはずだと認定されるなら，賠償額はその後遺症を前提に算定されます。このとき入院前の給与水準での逸失利益の賠償は，救済を超える利益取得を求めるものとして，法的に相当と評価されることはないでしょう。このように，Hの死に至る状況が賠償額を左右することもあり，死因究明は責任の内容にとっても重要な役割を果たすものといえます。

Column　救済対象としての自己決定

　医療訴訟では，生命・身体の侵害とは独立して，**自己決定権の侵害**が審理されるケースも多いです。様々なリスクを伴う医療では，患者の自己決定を尊重する必要性が特に高く，医師は患者に**説明義務**を負うためです。診断・治療に必要な説明を欠き，自己決定権の侵害に責任が認められると，医師や病院には**慰謝料**の支払いが求められます。

第2章　基礎編

Ⅱ　医療過誤訴訟

1．背景と争点

　医療事故によって患者が死亡した場合，これを医療過誤（⇨p.66*Column*）だと考える遺族は，医師や病院に損害賠償を求めます。この損害賠償は裁判外でも求められますが，医師や病院が請求に応じないとき，遺族は支払を求めて民事訴訟を提起します。通常，医師や病院が任意に支払うことがないのは，問題視された医療事故を医療過誤だとは診断していないからです。そのため訴訟では，医療過誤ではないとの診断の是非が争点とされ，主に不法行為責任の成否が審理されることになります。こうした訴訟を一般に，**医療過誤訴訟**といいます。

　医師や病院が責任を負担するのは，医師の過失によって患者が死亡したと評価される場合でした（⇨**本講Ⅰ3**参照）。民法709条の定める「過失によって」という責任要件は，より正確には，「過失」という文言から導かれる**過失要件**と，「によって」との文言で表現される**因果関係要件**とに区分されます。そのため医療過誤訴訟では，主に，①医師の診断・治療に過失が認められるのか，②医師の過失が認められるとして，その過失と患者の死亡との間に因果関係が認められるのか，の2点が審理されることになります。

　*Case 6*の事例であれば，過失要件との関係でJ医師の能書きに反するモニタリング指示の合理性が，そして因果関係要件との関係ではバイタルチェックとHの死亡との関連性が検討されるとい

第4講　民事責任と死因究明

うわけです。このような審理は，Hの死因究明と大きく重なるものといえるでしょう。

　それでは，過失と因果関係は各々どのような内容を持つ責任要件で，訴訟でその有無はどのように判断されるのでしょうか。これらの点について，本講では主に理論面から解説し，手続面は次の第5講で解説することにします。

Column　医療訴訟の多様性

　医療訴訟において，医師や病院に民事責任が認められるかは，本講で解説する不法行為の一般的な理論や基準に沿って審理されますが，個別事案における具体的な判断に際しては，各診療行為の特質を踏まえた検討がなされます。例えば，救急医療では緊急性や受入態勢の制約などが考慮に入れられる一方で，緊急性や適応性に乏しい美容整形では，より慎重な判断が医師には求められる，といった具合です。そのため医療の高度化・専門化は，そのまま医療訴訟の多様化に繋がります。

　また医療事故の原因が医薬品の副作用や医療機器の不具合にあった場合，製薬会社や医療機器メーカーの**製造物責任**も問題となりえます。医薬品の副作用をめぐる評価は「薬害」として社会に大きな影響を与えてきましたが，人工知能(AI)による診療支援が現実味を帯びてきた今日，AIの誤作動と法的にどのように向き合うべきかが，社会的に大きな課題になるものと考えられています。

第2章　基礎編

２．責任要件（その１）：過失

(1) 意味と判断基準

　過失という言葉は，日常生活で様々な意味に用いられます。例えばスキー場で初心者ＫがベテランスキーヤーＬとうっかり衝突した事例では，過失と理解されるのは「うっかり」でしょう。もっとも民法709条でそのような理解が採られることはなく，「過失」とは一般に**結果回避義務違反**と理解されています。Ｌとの衝突を避けるため，一定の措置（滑走ルートを変更するなど）を採る義務があったにも関わらず，実際にはそうした措置を採ることがなかったとき，Ｋには過失が認められることになります。

　このような理解の背景には，社会的な存在である私たちにとって，**相互の信頼・期待**が重要だという考えがあります。私たちは日々の生活で，他者が**標準的な行動**をとるものと信頼しています。そのような信頼がなければ，日々の生活が成り立たなくなってしまうからです。他のスキーヤーが自分勝手に危険な滑走をするスキー場では，安心してスキーを楽しむことなどできないでしょう。そして他人を信頼する以上は，私たち自身も他人を危険にさらすことがないよう，標準的な行動をとるべきだといえます。Ｌとの衝突がスキーヤーに想定されることのない特殊な滑走の結果であったなら，Ｋに責任が認められてもやむを得ないというわけです。

　したがって，過失の前提にある結果回避義務の内容は，社会的な信頼・期待との関係から具体化されることになります。仮に自分なりに結果を回避する努力をしていたとしても，実際の行動が**標準から逸脱**するものであった場合には，なお過失が認められる

というわけです。ただし，私たちは，すべての他者に同じ標準を期待することはできません。スキーの初心者に，上級者のような滑走をすべきであったとまではいえないでしょう。上級者であれば上級者として，初心者であれば初心者として求められる標準があるべきです。そのような**類型化された標準**から逸脱した場合にはじめて，行為者に過失が認められることになります。

　なお結果の発生に**予見可能性**がなかった場合，過失が認められることはありません。そうした結果にまで回避義務を認めると，行為者に困難を強いる結果となってしまうからです。

(2) 医師の過失

　医療は私たちの生活に不可欠な存在であり，私たちはその提供が合理的なものであると信頼しています。さらに私たちは，実際に診療を受ける患者の立場にたったとき，えてして医療に完全さを求め，ゼロリスクを希望します。もっとも医師に結果責任を認めれば，社会から医療提供はなくなってしまうでしょう（**過失責任主義。**⇨p.70*Column*）。医師に要請されるリスクコントロールにも，限度があるというべきです。それでは医師の診断・治療に過失が認められるのは，具体的にどのような場合なのでしょうか。

① リスク管理としての医療

　診断・治療にあたり，医師は大きく２つのリスクと向き合います。まず，患者の**病的リスク**です。患者は何らかの病気に罹患しており，放置すれば病状を悪化させ，死亡するリスクを抱えています。医師はこの病的リスクを診察・検査を通じて把握し，現実化しないよう治療します。もっとも，医師は，治療に

第2章 基礎編

際し別のリスクにも直面します。手術や投薬は身体作用に影響を及ぼすため，それ自体が健康を害し患者を死亡させるリスクを内包します。医師はこの**治療リスク**にも目をやりながら，病的リスクが現実化しないよう患者を治療しなければなりません。

　医療のプロセスは，診断から治療に至るまで，このようなリスク管理の積み重ねと構成することができ，個別の医療行為の合理性も，リスク管理の観点から評価することができます。*Case 6* であれば，Ｊ医師のモニタリング指示の合理性を評価する場面で，麻酔直後の血圧測定が副作用へのリスク対応として5分間隔で十分だったのかを問うことになる，というわけです。

② **標準としての医療水準**

　患者の保護を強調するほど，医師には重いリスク管理が求められ，事実上ゼロリスクを強いる結果となってしまいます。そのため医師に求められるリスク管理とはどの程度のものなのか，その基準が重要となります。

　判例（最判平成7年6月9日民集49巻6号1499頁）は，医師に**最善の注意**を要求しています。専門家として，医師には高度なリスク管理が期待されるわけです。ただし「最善」とは，学問上の水準まで要求する趣旨ではなく，**臨床医学の実践における医療水準**を意味するものだと理解されています。共有された医学的知見を踏まえ，実践医療の現場にあるべき姿を医療水準として具体化するとき，医師の診療はそうした医療水準に適ったものであるべきだ，という考え方です。

　この医療水準は，各病院の性格に応じて**類型的に**把握されま

78

す。医療の現場には，位置づけの異なる様々な医療機関が存在するからです。また念頭におかれる医療現場は**診療当時**のものですから，現在の医療水準を過去の医療行為に援用することはできません。診療当時の医療現場を念頭に，個別の医療行為がその病院に相応しい医療水準に適うものではなかったときに，医師に過失が認められるというわけです。*Case 6* の事例で J 医師に過失が認められるのは，その指示が副作用へのリスク対応として**当時の医療水準に適うものではなかった場合**です。それゆえ，J 医師の過失の有無を判断するにあたっては，医療水準に適う血圧測定とはどのようなものであったのかが決定的な意味を持つことになります。

③ 医療慣行との関係

医療水準として，実践医療の現場にあるべき姿を具体化するにあたり，**平均的医師**が現に行っている医療慣行を参照することが考えられます。*Case 6* の事例であれば，一般開業医の常識が 5 分間隔であったのなら，同じく J 医師の指示も医療水準に適うものとして許容されるべきだと考えるわけです。

もっとも，判例（⇨p.65）は，「医療水準は，……医療慣行とは必ずしも一致するものではな〔い〕」と判示しています。そして最も高度な情報を持つ製薬会社が 2 分毎の測定を求める以上，合理的な理由のない限り，医療水準に適うのは 2 分間隔であると判断しています。これによると，*Case 6* の事例でも，2 分毎の測定に格別の支障がなければ，J 医師の指示には過失が認められることになります。

第2章　基礎編

　医療慣行が医療水準から区別される理由は，実践医療にあるべき姿が現状維持に留まってはならないと考えるためです。維持されてきた現状には，経験的に不適切な慣行も含まれており，医師には高度なリスク管理が期待される以上，そうした現状は更新されなくてはならない，というわけです。もっとも裁判所が，そのような区別を適切に判断できるかは別問題です。この区別を純粋に医学的な意味に捉えるなら，**診療ガイドライン**（⇨*Column*）や鑑定を活用するにしても，その判断には限界があると言わざるを得ません。あくまでこの区別は，過失の存否という**法的な判断**の一部として理解されるべきでしょう。この意味で，たとえ患者の死亡に医師の過失が認められた場合であっても，その判断の性格や位置づけにはなお注意が必要です。

Column　診療ガイドライン

　診療ガイドラインは，証拠に基づく医療（EBM）の流れに沿って標準的医療の情報を提供するもので，最近の医療訴訟において，医療水準を認定する手がかりとして利用されることが増えています。

　ただし，診療ガイドラインは，その性質上，一般的な治療方法を示すものにすぎず，個別の患者への適応を保証するものではないため，これに反する治療が直ちに不適切と評価されるわけではありません。診療ガイドラインは，医療水準それ自体を指し示すものではなく，一応の基準を提供するものに過ぎないという点には注意が必要でしょう。

3．責任要件（その2）：因果関係

　医師の不法行為責任は，過失が認定されることに加えて，その過失と患者の死亡との間に**因果関係**が認められて初めて成立します（前述1）。しかし，この因果関係を認定するのは容易ではありません。なぜなら，医療事故では死亡に至るまでの事実経緯が明らかでないことが多く，また，事実経緯は明らかであっても，適切な医療行為によって患者の死亡を回避できたのかが判然としないこともあるからです。では，医療過誤における過失と死亡との因果関係は，どのような場合に認められるのでしょうか。

(1) 医療過誤一般における過失と死亡との因果関係

　不法行為責任の成立要件である因果関係については，判例（最判昭和50年10月24日民集29巻9号1417頁）により，**特定の事実が特定の結果発生を招来した関係**と定式化されています。そうすると，医療過誤においても，患者の死亡した原因が医師の過失にあったと証明されたときに，因果関係が認められることになります。

　しかし医療事故では，患者が死亡に至った経緯が医学的に明確でないことも多く，科学的な証明は困難です。そこで，判例は，因果関係について，科学的に見て疑いを生じさせることのないレベルまでの証明は不要であり，**高度の蓋然性**の証明で足りるとしています。したがって，事故までの時間的近接性や患者の症状の推移，そして他原因の可能性の大小などを考慮して，医師の過失が死亡の原因であることが**まず間違いないと通常人に思わせるレベル**で証明されれば，因果関係が認定されることになります。

第2章　基礎編

このように，因果関係の証明は，医学的な知見が積極的に活用されるものの，医学的な証明までは必要なく，あくまで**法的な判断**として認定されると理解すべきでしょう。

(2) 医師の不作為による過誤の場合の因果関係

例えば，癌の罹患が疑われるにも関わらず，その発見に有効な検査がなされず，適切な治療を受けることのないまま癌が進行し，患者が死亡したという場合，医師には適切な検査を行わなかった不作為の過失が認められますが，患者の直接の死因は癌の進行であるため，医師の不作為を死亡原因とすることは難しいようにも思われます。

しかし，判例（最判平成11年2月25日民集53巻2号235頁）は，医師の不作為が死亡の法的な原因でありうることを認めています。具体的には，**医師が適切な検査を行っていたならなお患者が生存したであろう高度の蓋然性**が証明されたときは，不作為の過失と患者の死亡との間に因果関係が認められると判示しています。したがって，*Case 6*の事例では，J医師の指示により2分毎の測定が実施されていたなら，血圧低下が早期に発見され，その後の救命措置によりHが生存したであろう高度の蓋然性が証明されれば，因果関係が認められることになります。

ただし，当該事案では，手術開始から4分間は血圧が測定されておらず，その間の血圧値の推移が不明確なため，2分毎の測定で早期の発見が可能であったことを証明することは困難であるようにも思われます。しかし，判例は，血圧値の推移が不明確となった原因は医師の不適切な指示にある以上，その不明確さを患者

第4講　民事責任と死因究明

の不利に働かせることは条理に反するとして，因果関係を肯定しました。この判例は，実質的に，患者の**死亡の責任を医師に負担させることが相当であるか**を検討しているものと思われます。

　このように，因果関係は法的な判断として認定され，その対象には責任負担の相当性まで含まれていると考えられることから，民法709条の定める因果関係は，より正確には，**法的な相当因果関係**を意味するものと一般に理解されています。

本講のポイント

● 医療過誤により患者が死亡した場合，医師や病院には不法行為責任が成立する。医師や病院は，患者の遺族に対し，患者の死亡によって生じた損害を賠償する義務を負う。

● 医療過誤訴訟では，主に不法行為責任の成否が争点とされ，民法 709 条の定める責任要件のうち，特に「過失」要件と「因果関係」要件について審理される。

● 医療過誤訴訟の審理は，患者の死因究明と大きく重なるものである。ただし裁判所は，医師の責任要件について，純粋に医学的な観点からではなく，医学的知見を踏まえつつも，あくまで法的な判断として認定を行う。

〔**主な参考文献**〕

• 潮見佳男『基本講義　債権各論Ⅱ　不法行為法〔第4版〕』（新世社，2021年）

• 米村滋人『医事法講義〔第 2 版〕』（日本評論社，2023年）

第 2 章　基礎編

第 5 講

民事裁判と死因究明

はじめに

　第 5 講では，すでに不法行為の意味や成立要件について知っていることを前提に，第 4 講でも取り上げた民事医療訴訟を意識しつつ，民事裁判の基本的事項を学びます。

　民事責任（損害賠償責任）の存否が問題になる場面の一つして，民事医療訴訟があります。本講では，民事裁判の目的や基本原理について説明した上で，実際に争われた民事医療訴訟を題材にして，民事裁判の基本的な流れを紹介します。

　本講の主な目的は，以下の 3 つです。

本講の目的

① 民事裁判（民事訴訟）の目的について知る。

② 民事裁判（民事訴訟）の基本原理を知る。

③ 民事裁判の基本的な流れについて知る。

84

第 5 講　民事裁判と死因究明

Case 7　病院で治療中に死亡した患者の死因が不明な事例

　Mは，ある日の午前 4 時30分頃，突然の背部痛で目を覚まし，自動車を運転してN病院に向かったが，途中で背部痛が再発し，同行していた家族に運転を替わってもらった。

　その後，午前 5 時35分頃にN病院に到着したMは，夜間救急外来の受付を済ませ，間もなく，外来診察室にて，当直医であったP医師の診察が開始された。当時，P医師は，医師免許取得後 1 年余りであった。

　Mの主訴は，上背部(中央部分)痛及び心窩部痛であった。触診所見では，心窩部に圧痛が認められたものの，聴診所見では，特に心雑音，不整脈等の異常は認められなかった。P医師は，症状の発現，その部位及び経過等から，第 1 次的に急性すい炎，第 2 次的に狭心症を疑った。

　P医師は，看護婦に鎮痛剤を筋肉内注射させ，さらに，Mを外来診察室の向かいの部屋に移動させた上で，看護婦に急性すい炎に対する薬を加えた点滴を静注させた。診察開始からMが診察室を出るまでの時間は10分くらいであった。

　部屋を移動してから 5 分くらいして，Mは，点滴中に突然，大きくけいれんした後，すぐにいびきをかき，深い眠りについているような状態となった。外来診察室からP医師が駆け付け，呼びかけをしたが，ほどなく，呼吸は停止し，P医師がMの手首の脈をとったところ，極めて微弱であった。

　P医師は，体外心マッサージ等を始めるとともに，午前 6 時頃，Mを集中治療室に搬入し，他の医師も加わって各種の蘇生

85

第2章 基礎編

> 術を試みたが，午前7時45分頃，Mの死亡が確認された。
>
> 　なお，P医師は，Mを診察するにあたり，触診や聴診を行っただけで，胸部疾患の既往症を聞いたり，血圧・脈拍・体温等の測定や心電図検査を行ったりはしなかった。また，P医師は，狭心症の疑いを持ちながらニトログリセリンの舌下投与をしなかった。
>
> 　Mの遺族であるOは，N病院に対し，診療契約上の債務不履行または不法行為に基づき，約6,600万円の支払いを求めて損害賠償請求訴訟を提起した。

　*Case 7*の事例は，最判平成12年9月22日民集54巻7号2574頁の事案がベースになっています。これまでの事例と異なり，死亡したMやP医師の直前の行動が詳細に記載されていますが，その一方で，Mの死因はよく分かりません。

　第4講でも触れましたが，医療過誤訴訟，特に必要な診療行為や治療行為を行わなかったという医師の不作為が問題となるケースでは，死因究明のための解剖等が行われておらず，死因がはっきりしないまま，訴訟提起に至るケースもよくあります。しかも，上記の事例では，第一審（地方裁判所）と控訴審（高等裁判所）・上告審（最高裁判所）とで，死因や医師の過失についての認定が異なる結果となりました。

　本講では，民事訴訟の基本的な知識を説明するだけではなく，民事裁判という場において，裁判所がどのように死因を認定したか，あるいは認定できなかったかについても紹介します。

第5講　民事裁判と死因究明

I　民事裁判の目的

1．民事事件の特徴と法的三段論法

　はじめに，民事裁判の目的や基本原則について学ぶ前提として，民事裁判の場で争うことになる法律問題（民事事件）の特徴と，それを解決するにあたって，裁判所が判決の結論を導く際の判断のプロセスである法的3段論法について簡単に説明します。

(1) 民事事件の構造

　民事事件は，私人間の権利義務関係に関する紛争であり，刑事事件と異なり，当事者の合意により裁判外で事件を処理することも認められます（刑事事件につき，⇨**第3講 II 1**）。

　しかし，当事者間で合意が得られない場合，紛争の解決を求める当事者は，事件の解決を求めて民事訴訟（民事裁判）を提起することになります。そして，裁判所は，①当事者が提出した証拠から事実を認定し，②それを私人間の権利義務関係について定める法律の規定にあてはめ，最後に，③訴えを提起した原告の請求を認容するか，それとも棄却するかを判断します（⇨**本講 III 4 (1)**）。

　このように，民事事件は，最終的に，裁判所が，事実関係を法律の規定にあてはめ，当事者間の権利義務関係についての判断し，その結論を判決として示すことによって解決されます。

　それでは，裁判所は，どのような方法で当事者間の権利義務関係について判断し，結論を導くのでしょうか。以下，裁判所が結論を導くための方法論である法的三段論法について説明します。

87

第2章　基礎編

(2) 民事裁判における判断の方法

民法は，私人間の権利義務関係を規律する最も基本的な法律であり，民事事件には，他の法律に特別の定めがなければ，民法の規定が適用されます。民法の条文の多くは，一定の法律要件を充たせば一定の法律効果（権利や義務）が生じるという構造になっており（⇨p.89*Column*），実際の民事事件においては，ほとんどのケースで，法律要件に該当する事実の存否が争点になります。

例えば，原告が売買代金の支払いを求めて民事訴訟を提起したという事案を考えてみましょう。売買契約について規定する民法555条は，売買契約の締結を法律要件，代金支払請求権を法律効果と定めています（同条は目的物引渡義務という法律効果も定めていますが，省略します）。

参照条文

民法555条　売買は，当事者の一方がある財産権を相手方に移転することを約し，相手方がこれに対してその代金を支払うことを約することによって，その効力を生ずる。

そこで，裁判所は，証拠から売買契約の締結という事実の存否を検討し，当該事実が認定されれば，代金支払請求権という法律効果が発生したと判断して，請求を認容します。反対に，証拠から売買契約の締結という事実が認定できない場合，代金支払請求権は発生せず，原告の請求は棄却されます。もちろん実際の事件はここまで単純ではありませんが，このような判断のプロセスを，**法的3段論法**といいます。

第5講　民事裁判と死因究明

> ### *Column*　法律要件と法律効果
>
> 　民法に限らず，権利義務関係を定める法律（実体法）の条文の多くは，法律要件と法律効果を定めています。このことは，刑事法についても同じであり，例えば，刑法の条文では，犯罪構成要件を定める部分が法律要件を，刑罰を定める部分が法律効果を規定しています（⇨p.30 *Column* 参照）。

(3) 法的3段論法

　法的3段論法とは，大前提（規範）に小前提（事実）をあてはめて結論を導くという判断のプロセスです。上述した売買代金をめぐる民事事件の場合，民法555条の定める「売買契約締結の事実があれば，代金支払請求権が生じる」という規範（ルール）が大前提にあたります。このように，**大前提**は，基本的に法律が定める規範を意味し，第4講で学習した不法行為については，民法709条の定める法律要件（故意または過失によって他人の権利利益を侵害した事実）と法律効果（損害賠償責任）がこれにあたります。

　次に，大前提にあてはめる具体的事実を**小前提**といいます。売買代金に関して言えば，売買契約を締結した事実がこれにあたります。そして，民事裁判の判決でいうところの「したがって，被告は原告に対し○○という義務を負う」という部分，つまり，法律の定める規範に具体的事実をあてはめた結果が**結論**となります。上記の例で言えば，①原告と被告が売買契約を締結したという事実を認定し（小前提），これを②売買契約締結の事実があれば代金支払請求権が生じるという規範（大前提）にあてはめ，最終的に，③被告は原告に対し代金支払義務を負うという結論を導きます。

89

第2章　基礎編

2．民事裁判の目的

　前述したように，私人間の権利義務関係について争いが生じた場合，最終的に裁判所が紛争を解決する役割を担います。近代国家においては，私人による**自力救済は禁止**されており，具体的な紛争に法律を適用してその効果を実現するには，民事裁判によらなければなりません。このような私人間の権利義務関係を確定させるための民事裁判手続について定めた法律が**民事訴訟法**です。

　このように，民事裁判の目的は，**私人間の権利義務関係をめぐる紛争を解決すること**にあります。このことから，民事裁判には，国家が罪を犯した者に刑罰を科すための手続である刑事裁判とは大きく異なる特徴があります。

II　民事裁判の基本原則

1．処分権主義

　処分権主義とは，ⓐ訴訟の開始，ⓑ審理対象の設定，ⓒ訴訟の終了を当事者の権能とする原則です。これは，訴訟の対象である私法上の権利義務関係については**私的自治の原則**が妥当することから，これを訴訟手続においても尊重するものです。具体的には，訴えを提起するかどうか，訴訟における審理の対象をどのように設定するかは，原告の権能になります。そして，原告が設定した審理対象について，原告と被告がそれぞれ主張立証（攻撃防御）

を尽くし，それを受けて，裁判所が判断をすることになります。

この処分権主義により，民事裁判においては，裁判所は，当事者が申し立てていない事項については，判決をすることができません（民事訴訟法246条）。また，当事者には，相手方の不利にならない限度で，いつでも訴訟を終了させることができます（訴えの取下げ，請求の放棄または認諾，訴訟上の和解）。

参照条文

民事訴訟法246条　裁判所は，当事者が申し立てていない事項について，判決をすることができない。

---

2. 弁論主義

弁論主義とは，訴訟資料の収集・提出を当事者の権能と責任とするという原則です。弁論主義は以下の3つの原則（「テーゼ」と言うこともあります）から構成されます。

(1) 弁論主義の第1原則（弁論主義の第1テーゼ）

弁論主義の第1の原則は，裁判所は，**当事者の主張しない事実を判決の基礎としてはならない**というものです。そのため，当事者は，自己に有利な事実について主張をしておかないと，仮にその事実が証拠上認められたとしても，訴訟上はないものとして扱われます。このような訴訟上の不利益のこと**主張責任**といいます。

なお，ここでいう「事実」とは，訴訟上の全ての事実を意味するものではなく，権利の発生や変更，消滅といった法律効果の判断に直接必要な事実（**主要事実**）であると解されています。

第2章　基礎編

(2) 弁論主義の第2原則（弁論主義の第2テーゼ）

弁論主義の第2の原則は，裁判所は，**当事者間に争いのない事実は，そのまま判決の基礎にしなければならない**というものです。これを民事裁判における自白の拘束力といいます（刑事裁判における「自白」とは意味が異なるため注意してください）。民事裁判の役割は私的紛争の解決にあるため，裁判所の判断も，当事者間で争いがある事項の限度でのみ行えばよいという考え方です。

なお，ここでいう「事実」とは，主要事実であり，かつ，相手方が**立証責任**を負っている事実であると解されています。

Keyword 「立証責任」

立証責任（証明責任とも言います）は，ある事実が，どちらとも判断できず**真偽不明**の場合に，その事実についての主張が認められないことによる一方当事者の不利益のことをいいます。刑事裁判では，原則として検察官が立証責任を負いますが，民事裁判においては，原告または被告が，自己に有利な法律効果を生じさせる法律要件について立証責任を負います（法律要件分類説）。

---

(3) 弁論主義の第3原則（弁論主義の第3テーゼ）

弁論主義の第3の原則は，裁判所は，**当事者間に争いのある事実を認定する場合には，原則として当事者が申し出た証拠によらなければならない**というものです。

したがって，裁判所の職権による証拠調べは，例外的に認められるにとどまります（職権証拠調べの禁止）。

第 5 講　民事裁判と死因究明

Ⅲ　民事裁判の基本的な流れ

１．訴えの提起

　民事裁判は，当事者の訴えによって開始します（民事訴訟法133条１項）。訴えを提起した者を**原告**といい，訴えられた者を**被告**といいます（民事裁判では「被告人」ではなく「被告」といいます）。訴えは，**訴状**を裁判所に提出して行います。

(1) 訴訟物

　処分権主義のもとでは，審理の対象となる請求を原告が特定しなければなりません。この請求の対象を**訴訟物**といいます。訴訟物の意義については，実務上，実体法上の個別具体的な権利または法律関係であると理解されています。民法709条を例にすると，不法行為に基づく損害賠償請求権が訴訟物となります。

　訴訟物の特定は，訴状に「請求の趣旨及び原因」を記載して行います。**請求の趣旨**は，原告が求める訴えの結論であり，判決の主文に相当するものです。例えば，不法行為に基づく損害賠償請求における請求の趣旨は，「被告は，原告に対し，金○○○○円を支払え。」となります。しかし，これだけでは，貸したお金を返せという請求であるのか，それとも不法行為によって生じた損害を賠償しろという請求であるのか明らかではないため，**請求の原因**において，請求の法律上の根拠を明らかにします。不法行為に基づく損害賠償請求であれば，その旨を訴状に記載することになります。これにより，請求の対象である訴訟物が特定されます。

93

第2章　基礎編

(2) 請求を理由づける事実

訴状には，請求の原因だけではなく，「請求を理由づける事実」（民事訴訟規則53条1項）を記載しなければなりません。請求を理由づける事実は，訴訟物である請求権を直接根拠づけるための具体的事実をいい，講学上，**主要事実**と呼ばれます。例えば，不法行為に基づく損害賠償請求訴訟においては，ⓐ権利侵害，ⓑ被告の故意または過失，ⓒ損害の発生とその額，ⓓ被告の行為と損害との間の因果関係，の根拠となる具体的事実を記載します。

そのほか，訴状には，請求を理由づける事実に関連する事実で重要なものおよび証拠（民事訴訟規則53条1項）と，予想される争点などを記載します。予想される争点を記載するのは，予想される争点をあらかじめ被告や裁判所に示すことにより，第1回目の口頭弁論期日から充実した審理を行うためです。

2．訴状審査～第1回口頭弁論

(1) 訴状審査，訴状の送達

訴状を提出すると，裁判所書記官が訴状審査をして，不備があるときは原告に補正を促します。訴状が適式であれば，訴状の副本が被告に送達されます（民事訴訟法138条1項，民事訴訟規則58条1項）。また，裁判長は，第1回口頭弁論期日を指定し，当事者の呼出しを行います（同法139条）。第1回口頭弁論期日は，原則として訴え提起から30日以内の日に指定されます（同規則60条2項）。訴状の副本が被告へ送達されると，裁判所と両当事者の間で訴訟関係が生じ，これを**訴訟係属**といいます。

第 5 講　民事裁判と死因究明

(2) 答弁書の提出

被告に訴状が送達されると，被告は，訴状に記載されている原告の主張に対する言い分を記載した答弁書を作成して裁判所に提出します。被告は，答弁書を提出すれば，第 1 回口頭弁論期日に欠席しても，答弁書に記載した事項を陳述したものとみなされます（**陳述擬制**，民事訴訟法158条）。これに対し，訴状や呼出状が送達されたにもかかわらず，被告が答弁書を提出せず第 1 回口頭弁論期日を欠席すると，裁判所は，被告が原告の主張を争わず**自白**したものとみなし（**自白の擬制**，同法159条 1 項），原告の請求を認容する判決をすることができます（**欠席判決**といいます）。そのため，答弁書を提出することには重要な意味があります。

答弁書には，まず，請求の趣旨に対する**答弁**を記載します。ここには，「原告の請求を棄却する。」などのように，被告が求める判決の主文を記載します。また，原告が主張する請求原因について，どの事実を認め，どの事実を認めないのかを明確に記載するとともに，被告として主張する事実（抗弁事実）を具体的に記載しなければなりません（民事訴訟規則80条）。さらに，抗弁事実に関連する事実で重要なものについても記載する必要があります。

(3) 第 1 回口頭弁論

第 1 回口頭弁論期日においては，原告による訴状の陳述や被告による答弁書の陳述が行われます。被告が原告の主張を争わない場合（答弁書を提出せずに欠席した場合も含みます）には，原告の請求を認容する判決が言い渡されることになります。

第2章　基礎編

3．争点整理・証拠調べ

(1) 争点整理

　充実した審理を行うには，当事者間で，どの事実に争いがあり，どの事実に争いがないかを確定し，争いがある事実について，どのような証拠で立証するのかを決める**争点整理**が重要になります。

　争点整理では，双方の主張を踏まえ，請求権の存否を判断するのに必要な事実（要件事実）を争いのない事実と争点とに選別し，当事者が立証すべき事実を明確にします。不法行為に基づく損害賠償請求権の要件事実は，ⓐ権利侵害，ⓑ過失，ⓒ損害の発生とその額，ⓓ過失と損害の間の因果関係ですが，*Case 7*の事例では，Mが死亡した事実は明らかであり，ⓐ権利侵害やⓒ損害の発生に争いはないと考えられるため，具体的な争点は，ⓑP医師の過失の有無，ⓒ損害の額，ⓓ因果関係の3つとなります。

　民事訴訟法には争点整理のための手続がいくつか規定されていますが，実務において最も多く利用されるのは**弁論準備手続**です。この手続は，一般公開はされず，弁論準備手続室などで行われます。弁論準備手続では，主張書面（準備書面）の提出のほか，文書の証拠調べ（書証）等をすることができますが，証人尋問などを行うことはできません。複雑な事案では，当事者双方が主張書面や証拠を提出しあい，弁論準備手続の期日を何回か繰り返すことによって，争点を整理していきます。

　争点整理が終わると，裁判所は，その後の証拠調べによって立証すべき事実を，両当事者との間で確認します（民事訴訟法170条5項，165条1項）。

第5講　民事裁判と死因究明

(2) 証拠調べ

争点整理が終わると，争点について**証拠調べ**の手続が行われます。民事訴訟法は，証拠調べについて5つの方法を定めています。

① 書証

書証は，証拠となる文書等のことを意味することもありますが，民事訴訟法上は，文書の記載内容を裁判所が取り調べる証拠調べを意味します。例えば，民事医療訴訟において，カルテ等の診療記録や医療文献の証拠調べがこれにあたります。書証の申出は，文書を提出して行うことになりますが，書証を申し立てたいと考える当事者がその文書を所持していないときは，文書提出命令を申し立てることができます（民事訴訟法219条）。

② 検証

検証は，裁判官の五官の作用で事物の性状を認識し，その結果を証拠資料とする証拠調べです。ただし，実務上，検証が行われることは多くありません。

③ 鑑定

鑑定は，専門的な知識や経験を有する第三者の意見を証拠資料とする証拠調べです。複雑な事案では，事実認定にあたって，医学などの専門分野の知見が必要になることがあり，このような場合に，裁判官の知見を補助するための証拠調べとして，鑑定が行われます。

④ 証人尋問

証人尋問は，第三者の証言を証拠資料とする証拠調べであり，複雑な事案では，この証人尋問が重要なポイントとなることが

第2章　基礎編

少なくありません。

　証人尋問は，初めに，尋問を申し立てた側の当事者が証人を尋問します。これを**主尋問**といいます。主尋問が終わると，次に相手方の当事者が**反対尋問**を行います。このような証人尋問のやり方を交互尋問といいます。また，裁判官も必要に応じて**補充尋問**を行うことができます。

⑤　当事者尋問

　当事者尋問は，当事者本人の陳述を証拠資料とする証拠調べです。当事者尋問も，証人尋問と同様に，交互尋問の方式により行います。なお，弁護士等の代理人がついている事件では，代理人が当事者を尋問する形で行いますが，代理人のいない本人訴訟では，裁判官が主尋問や反対尋問を行います。

　Case 7の事例では，カルテ等の診療記録や医療文献などについて書証が行われたほか，Mの死因やP医師の過失，因果関係を判断するために専門的知見を有する複数の医師による鑑定が行われました。また，Mを診察したP医師や同僚の医師の証人尋問や，Mの遺族である原告の当事者尋問が行われました。

4．訴訟の終了

(1) 判決

　証拠調べが終わり，裁判所が判決するのに熟したと判断すると，口頭弁論が終結し，判決がなされます（民事訴訟法243条）。判決には，原告の請求を認容する判決（認容判決）と，原告の請求を

第５講　民事裁判と死因究明

棄却する判決（棄却判決）があります。また，原告の請求の一部を認容し，残りの部分を棄却する判決（一部認容判決）もあります。なお，訴えを提起するのに必要な訴訟要件を欠く場合は，訴えを却下する判決がなされます（却下判決）。

　*Case 7*の事例の第一審の判決は，原告の請求を棄却しました。この事例では，Ｍの死因について専門家の意見が分かれたこともあり，裁判所は，大動脈解離であった可能性を否定することができず，死因が急性心筋梗塞と大動脈解離のどちらであるか確定することはできないと判示しました。その上で，裁判所は，死因が確定できない以上，不安定狭心症や急性心筋梗塞の悪化，心室細動，心停止といった死因を前提とするＰ医師の過失を論ずることはできないとして，原告の請求を棄却する判決を言い渡しました。

　ここで立証責任（⇨p.92*Keyword*）の考え方を思い出してみましょう。Ｐ医師の過失については，原告が立証責任を負います。したがって，死因が確定できず，その結果Ｐ医師の過失の存在を立証できないことの不利益は原告が負うことになるため，第一審判決では，原告の主張は認められないという結論になったのです。

(2) 判決以外の終了方法

　訴訟上の和解とは，訴訟係属中に当事者双方が合意することで訴訟を終了させることをいいます。実務上は，これによって訴訟が終了するケースも多く，全体の３分の１に近い事件で訴訟上の和解が成立しています（ほとんどの場合，双方が互いに譲歩する形で和解となります）。裁判所が和解案を示すことで和解に至ることも多く，裁判所は，訴訟がいかなる程度にあるかを問わず，和

第2章　基礎編

解を試みることができます（民事訴訟法89条）。和解のメリットは，事案の実情に応じて柔軟な解決を図ることができる点や，判決ではできない根本的な紛争解決を図ることができる点にあります。民事裁判において，和解の果たす役割は大きいといえます。

そのほか，判決以外の終了方法として，訴えの取下げ（同法261条）や請求の認諾または放棄（同法266条）があります。なお，訴訟上の和解ではなく裁判外の和解が成立した場合，原告が訴えの取下書を裁判所に提出し，被告がそれに同意する形で訴訟が終了するのが通例です。

5．控　訴

(1) 控訴とは

第一審の判決に不服のある当事者は，**控訴**することができます。控訴は，地方裁判所が第一審としてした終局判決または簡易裁判所の終局判決に対してすることができます（民事訴訟法281条）。控訴の提起は，第一審判決が簡易裁判所である場合は地方裁判所に，第一審判決が地方裁判所である場合は高等裁判所に対して行います。控訴は，第一審判決の送達から2週間以内に提起しなければならず（同法285条），その方式は，控訴状を第一審裁判所に提出してしなければなりません（同法286条）。

控訴審の審理は，第一審と概ね同じですが，その審理の範囲は，原則として，控訴人の不服申立ての範囲に限られます（同法296条）。民事裁判の控訴審は，第一審の審理を継続する**続審制**を採用しており，控訴審において追加で証拠調べを行うこともできます。

第5講 民事裁判と死因究明

　控訴裁判所は，控訴に理由があるときは，第一審の判決を取り消して，第一審に審理を差し戻すか，自ら請求についての判決をし，控訴に理由がないときは，控訴を棄却します。控訴審判決において，控訴人に不利益に原判決を変更することは許されません（同法304条）。これを**不利益変更禁止の原則**といいます。

(2) *Case 7*の事例について

　*Case 7*の事例では，原告であるMの遺族Oから控訴がなされました。Oは，控訴審において，従前の主張に加えて，予備的主張として，仮にP医師の過失とMの死亡との間に因果関係が認められないとしても，N病院はMに対し救急病院として期待される適切な救急医療を怠ったものであり，MおよびOの有する期待権を侵害したとの主張を追加し，控訴審において，新たに医師の証人尋問や，同医師が作成した書面の証拠調べが行われました。

　控訴審判決は，まず，Mの死因について，Mの病態を急性心筋梗塞と判断することは困難であるとした鑑定意見を否定し，他の鑑定意見や医師の証言等から，Mの死因は，不安定型狭心症から切迫性急性心筋梗塞に至り，心不全を来したことにあると認めるのが相当であると判示しました。

　その上で，控訴審判決は，背部痛や心窩部痛の自覚症状のある患者に対する医療行為について，本件診療当時の医療水準に照らすと，医師としては，まず，①緊急を要する胸部疾患を鑑別するために，問診によって既往症等を聞き出すとともに，血圧や脈拍，体温等の測定を行い，②その結果や聴診や触診等によって狭心症，心筋梗塞等が疑われた場合には，ニトログリセリンの舌下投与を

第2章　基礎編

行いつつ，心電図検査を行って疾患の鑑別および不整脈の監視を行い，③心電図等から心筋梗塞の確定診断がついた場合には，静脈留置針による血管確保，酸素吸入その他の治療行為を開始し，また，④致死的不整脈またはその前兆が現れた場合には，リドカイン等の抗不整脈剤を投与すべきであったが，Ｐ医師は，Ｍを診察するにあたり，触診及び聴診を行っただけで，胸部疾患の既往症を聞き出したり，血圧，脈拍，体温等の測定や心電図検査を行ったりすることをせず，狭心症の疑いを持ちながらニトログリセリンの舌下投与もしていないなど，胸部疾患の可能性のある患者に対する初期治療として行うべき基本的義務を果たしていなかったと判示し，Ｐ医師の過失を肯定しました。

　その一方で，控訴審判決は，適切な治療をすればＭを救命し得たであろう高度の蓋然性（⇨**第4講II 3**参照）を認めることができないとして，Ｐ医師の過失とＭの死亡との間の因果関係を否定しました（救命できた「可能性」があったことは認定されました）。

　そして，控訴審判決は，Ｐ医師が医療水準にかなった医療を行うべき義務を怠ったことにより，Ｍが適切な医療を受ける機会を不当に奪われ精神的苦痛を被ったとして，同医師の使用者たるＮ病院に対し，民法715条に基づき，右苦痛に対する慰謝料として，200万円の支払いを命じました。

　このように，控訴審判決は，Ｐ医師の過失を認定する一方で，Ｐ医師の過失とＭの死亡との間の因果関係を否定し，結論として，Ｍの死亡に関する不法行為の成立を否定しました。他方，Ｍが適切な医療を受ける機会を不当に奪われたことについては不法行為の成立を認め，原判決を変更し，請求を一部認容しています。

第5講　民事裁判と死因究明

6. 上　告

(1) 上告とは

　上告とは，原則として，控訴審の終局判決に対して法令違反を理由として不服申立てをすることをいいます。高等裁判所の終局判決に対する上告は最高裁判所に，地方裁判所が控訴審としてした終局判決に対する上告は高等裁判所に対して行います。上告審は法律審であり，上告審の審理対象は法律問題に限定され，原則として事実認定に関する審理は行われません。

　最高裁判所に対する上告は，ⓐ憲法解釈の誤りその他憲法違反がある場合か（民事訴訟法312条１項），ⓑ重大な手続違反がある場合（同条２項各号）に限られます。なお，高等裁判所に対する上告は，ⓒ判決に影響を及ぼすことが明らかな法令違反がある場合にもすることができます（同条３項）。

　このように上告理由を厳格に制限する代わりに，民事訴訟法は，**上告受理申立て**という仕組みを設けています（民事訴訟法318条）。これは，上告理由が認められない場合であっても，最高裁判所は，法令解釈の統一確保の観点から，原判決に最高裁判所の判例と相反する判断がある事件その他の法令の解釈に関する重要な事項を含むものと認められる事件について，申立てにより，決定で，上告審として事件を受理することができるという制度です。上告受理の申立てに対し，最高裁が受理決定をした場合には，上告があったものとみなされます（同条４項）。

　上告審においては，不服の主張に理由がない場合には上告が棄却されます。これに対し，上告に理由がある場合には，原判決が

103

第2章　基礎編

破棄され，原裁判所へ差し戻されるか（他の裁判所へ移送されることもあります），最高裁自ら当該事件について裁判をします。これを自判（破棄自判）といいます。

(2) *Case 7*の事例について

*Case 7*の事例では，被告であるＮ病院が控訴審の判決を不服として上告しましたが，最高裁は，原審の判断は正当として是認することができるとして，Ｎ病院の上告を棄却しました。

なお，同事例の題材となった事件の上告審判決の判旨は，以下のとおりです。

最判平成12年９月22日民集54巻７号2574頁

「疾病のため死亡した患者の診療に当たった医師の医療行為が，その過失により，当時の医療水準にかなったものでなかった場合において，右医療行為と患者の死亡との間の因果関係の存在は証明されないけれども，医療水準にかなった医療が行われていたならば患者がその死亡の時点においてなお生存していた相当程度の可能性の存在が証明されるときは，医師は，患者に対し，不法行為による損害を賠償する責任を負うものと解するのが相当である。けだし，生命を維持することは人にとって最も基本的な利益であって，右の可能性は法によって保護されるべき利益であり，医師が過失により医療水準にかなった医療を行わないことによって患者の法益が侵害されたものということができるからである。」

このように，本事案では，最終的に，P医師の過失とMの死亡との間の因果関係が認められなかったものの，生命を維持する可能性を法によって保護されるべき利益と位置づけて，医師の過失がなければ患者がその時点で生存していた相当程度の可能性が証明される場合には，不法行為責任が認められると判示しており，この点に，本判決の大きな意義があります。ただし，本判決では，死亡による逸失利益等は認められず，精神的苦痛に対する慰謝料のみが認容された点に留意する必要があります。

本講のポイント

● 民事訴訟法は，民法等の定める私人間の権利義務関係を確定させるための民事裁判の手続について定めた法律である。

● 民事裁判の基本原則として，処分権主義と弁論主義がある。

● 民事裁判の第一審の基本的な流れは，訴えの提起➡訴状の送達➡答弁書等の提出➡争点整理・証拠調べ➡判決である。

〔主な参考文献〕

• 兼子一(原著)=松浦馨=新堂幸司=竹下守夫=高橋宏志=加藤新太郎=上原敏夫=高田裕成『条解民事訴訟法〔第2版〕』(弘文堂，2011年)

• 裁判所職員総合研修所監修『民事訴訟法講義案〔3訂版〕』(司法協会，2016年)

第2章　基礎編

第6講

行政の責任と死因究明

はじめに

　第6講では，行政の責任と死因究明との関係について学びます。

　本講では，まず，わが国における死因究明制度の概要を説明し，次に，具体的事例を題材に，行政の行為によって不利益を受けた国民の救済を図るための仕組みである国家賠償と損失補償について説明した上で，いわゆる国家補償の谷間の問題にも言及します。

　本講の主な目的は，以下の3つです。

本講の目標

① 日本の死因究明制度の基本的な内容を知る。

② 国家賠償制度について，その基本的な内容を知る。

③ 規制権限の不行使の局面における国家賠償法上の「違法」について，その判断方法を知る。

④ 予防接種禍をめぐる問題を素材として，損失補償や国家補償の谷間の問題について知る。

第6講　行政の責任と死因究明

Case 8　死因究明をしないまま火葬がなされた事例

　近隣住民から，一人暮らしの高齢者Qを急に見かけなくなった旨の通報を受けて警察官が臨場したところ，公営住宅の部屋でQが孤独死しているのが発見された。その後に行われた検視では，Qが高齢で遺体に不自然な点もなかったことから，老衰による死亡であり犯罪の疑いはないと判断され，司法解剖や行政解剖は行われなかった。なお，Qには遺族がいたが，連絡先が不明であったことから，自治体によって火葬された。

　その後，Qの遺族から問い合わせがあり，自治体が遺品を引き渡したところ，Qが死亡する直前に新型コロナワクチンの接種を受けていたことを知った遺族は，Qが死亡したのはワクチンを接種したためではないかと考えたが，既に死体が火葬されており，他にQの死因を示す証拠もなかったことから，死因究明をしないまま火葬したことが違法であると主張して，国や自治体に対して損害賠償を求めることを検討している。

　上記の事案において，Qの死因究明をしなかったことについて，国や自治体の損害賠償責任は認められるのでしょうか。このことを検討するには，死因究明に関する法制度がどのようなもので，国や自治体に個々の事件について死因を究明する個別具体的な法的義務が課せられているのかを考える必要があります。

　本講では，死因究明に関する法制度の概要について説明した上で，予防接種禍において問題となる国家賠償制度や損失補償，国家補償の谷間について解説します。

107

第2章　基礎編

I　死因究明に関する法制度の概要

1．警察や行政機関による死因究明

　死体は様々な場所や状況で発見されますが，死体を発見した者には，各種の届出義務が課せられています。

　まず，病院で患者が死亡した場合，**異常死**（⇨p.11*Column*）と認められれば，医師は警察に届け出なければなりません（医師法21条）。また，自宅等で死亡した場合であっても，親族等は，市町村に医師の作成する死亡診断書または警察の作成する死体検案書を添付して死亡届を提出しなければならないため（戸籍法86条・87条），親族等から医師や警察に連絡が行く仕組みになっています。

　これらの仕組みによって死亡の事実を把握した警察や行政機関は，法律の定めに従い，必要に応じて検視や解剖等を行います。*Case 8*の事例のように，近隣住民等から通報がされることにより警察が死体を発見した場合も同様です。

(1) 警察等による死因究明

　不自然な状態の死体が発見されると，犯罪死の疑いがあるか否かを判断するために**検視**が行われます（⇨**第7講 II 3 (1)**）。検視は，死体の状況を外表から検査する行為で，法律上は検察官が行うのが原則とされていますが（刑事訴訟法229条1項），実務上は，検察官に代わって警察官が行う**代行検視**が広く用いられています。

　検視により犯罪死の疑いがあると判断された死体については，通常，**司法解剖**が行われます（⇨**第7講 II 2**）。この司法解剖は，

108

第6講 行政の責任と死因究明

犯罪捜査の一環として行われるため，遺族であっても実施を拒否することはできません。

(2) 行政による死因究明

　検視により犯罪死の疑いがないと判断された死体の多くは遺族に引き渡されますが，公衆衛生等の観点から死因を究明する必要がある場合は，**行政解剖**が行われます。行政解剖には様々な種類があり，それぞれ実施主体は異なっていますが，犯罪捜査として行われるものではないため，刑事訴訟法は適用されません。

① 死体解剖保存法に基づく行政解剖（承諾解剖，監察医解剖）

　死体解剖保存法に基づく行政解剖として，承諾解剖と監察医解剖があります。このうち，**承諾解剖**は，遺族の承諾を受けて行われる解剖です。犯罪捜査に当たらない解剖の多くはこれに当たります。承諾解剖については，遺族の承諾を得ることが必要です（同法7条）。これに対し，**監察医解剖**は，死因究明を専門とする監察医の判断に基づいて，死因が明らかでない死体の解剖を実施するものです（同法8条）。もっとも，監察医が置かれているのは，一部の地域（東京都，大阪市，横浜市，名古屋市，神戸市）に限られます。

② 個別法に基づく行政解剖

　死体解剖保存法に基づく解剖のほかにも，食品等に起因する被害の拡大を防止するため，都道府県知事等の判断に基づいて実施される解剖（食品衛生法64条）や，感染症の病原体が国内に進入することを防止するため，検疫所長の判断に基づいて実施される解剖（検疫法13条2項）があります。

109

第2章　基礎編

③ 死因・身元調査法に基づく調査法解剖

　犯罪死の疑いがないと判断されたものの，死因を明らかにする必要があると認められる場合には，「警察等が取り扱う死体の死因又は身元の調査等に関する法律」（**死因・身元調査法**）に基づく**調査法解剖**が行われます。

　かつては，犯罪死の疑いのない死体に関する調査について，法律上の位置付けが明らかではありませんでしたが，2012年に死因・身元調査法が制定されたことによって，警察の職務に含まれることが明確にされました（同法4条）。また，同法は，解剖のほかにも，死体発見時の調査や薬毒物検査・死亡時画像診断などの措置についての規定を設けており，新たな死因究明の手法として注目が集まっています（⇨**第7講Ⅱ3(2)**）。

2．遺族等による死因究明

　上述した警察や行政機関による死因究明とは別に，遺族等が私的に専門家に依頼して死因究明を行うことがあります。

　このような死因究明は，民事事件の当事者が訴訟を提起するかどうかを判断するための材料にしたり，民事裁判において自らの主張する死因等の事実を立証するための証拠として用いられますが，解剖や検査そのものを実施するよりも，カルテ等の資料から死因を考察するという方法によって行われます。

　第9講・第11講に，実際の刑事裁判や民事裁判（解剖が実施されなかった事例）において，死因に関する複数の鑑定意見が示された事例が紹介されていますので，参考にしてください。

第6講　行政の責任と死因究明

Column　死因究明等推進基本法

　日本の死因究明制度は，根拠となる法令を所管する省庁が様々で，かなり複雑なものになっています。死因究明は，本来，犯罪捜査や公衆衛生等を含めた幅広い観点から実施されるべきものです。このような観点からすると，日本の「縦割り」の制度設計が合理的といえるかは，議論の余地があります。実際に，海外においては，犯罪捜査に関係するか否かを問わず，死因究明を専門とする行政機関が設置されています（例えば，イギリスのコロナー(coroner)制度）。

　もっとも，近年，「縦割り」の構造を前提とする日本の死因究明制度の見直しが図られています。すなわち，警察官による「死因の見逃し」事例が発生し，これが社会問題となったこと（⇨**第1講Ⅱ**参照）を契機として，2012年に，いわゆる**死因究明二法**（死因・身元調査法，死因究明等推進法）が，2019年に，限時法であった死因究明等推進法に代わり，**死因究明等推進基本法**が制定されました（**基本法**とは，国政の重要課題について推進すべき施策の基本理念や方針，施策の推進体制等を定める法律のことを指します）。

　死因究明等推進基本法では，死因究明に関する施策の司令塔として，厚労省に「死因究明等推進本部」を設置することや，死因究明に関わる様々な団体（国，自治体，大学，医師等）の連携協力について定められており，死因究明という各行政領域を超える政策課題に対して，総合的かつ省庁横断的に取り組むべきこととされています。

111

第 2 章　基礎編

II　国家賠償制度の概要

1．国家賠償制度の特徴

　国家（行政）の活動も人によって行われるものである以上，誤りが生ずることは避けられません。そのような場合に，違法な行政の行為によって生じた損害を金銭によって填補し被害者を救済するための制度が**国家賠償制度**であり，この制度について定める法律が**国家賠償法**です。

参照条文

国家賠償法１条１項　国又は公共団体の公権力の行使に当る公務員が，その職務を行うについて，故意又は過失によって違法に他人に損害を加えたときは，国又は公共団体が，これを賠償する責に任ずる。

　民法上の不法行為に基づく損害賠償（民法709条）と国家賠償法１条に基づく国家賠償（同条１項）は，加害者の不法行為により被害者が被った損害を補填するものである点で共通します。また，民法は不法行為を行った個人に代わって使用者（企業等）が損害賠償責任を負う使用者責任（⇨ p.71）を定めていますが，国家賠償制度は，公務員個人に代わって国や自治体が損害賠償責任を負うものであり，不法行為を行った個人の所属する組織が賠償責任を負う仕組みである点において共通しています。

　もっとも，民法上の不法行為・使用者責任と国家賠償制度の間には，以下のような違いもあります。

112

第6講　行政の責任と死因究明

(1) 被害救済の確実性

　民法上の不法行為・使用者責任に基づく場合，賠償金は，加害者や使用者である個人や法人の財産から支払われます。もし個人や法人が十分な資力を有していない場合，被害者が裁判で勝訴したとしても，被害者は確実に救済を得られるとは限りません。

　これに対して，国家賠償制度では，賠償金は加害行為を行った公務員が所属する国や自治体から支払われます。国や自治体が賠償金を支払う能力を有していない状況はまず考えられないため，被害者は，裁判で勝訴すれば確実に救済を受けることができます。

(2) 公務員個人の賠償責任の否定

　　国家賠償制度において賠償責任を負うのは国や自治体であり，加害行為を行った公務員個人は原則として賠償責任を負わず，被害者は，加害行為を行った公務員個人の責任を追及することはできません（最判昭和30年4月19日民集9巻5号534頁）。そのため，公務員個人の責任を問うべき事情がある場合であっても，懲戒処分や，国や自治体からの求償権の行使（国家賠償法1条2項参照）など，内部的な措置で対応することになります。

　このような仕組みが設けられているのは，上述した被害救済の確実性を担保することに加え，公務員が安心して公務にあたることができるようにすることで，公務（行政活動）の円滑な遂行を

参照条文

国家賠償法1条2項　前項の場合において，公務員に故意又は
　　重大な過失があつたときは，国又は公共団体は，その公務
　　員に対して求償権を有する。

113

第2章　基礎編

確保するためと考えられています。

　なお，公務員個人への責任追及が否定されるのは民事責任のみであり，刑事責任（⇨第2講）については，当然に公務員個人が負うことになります。

(3) 違法な行政活動への抑止機能

　国家賠償訴訟で被害者が勝訴した場合，問題となった行政活動が違法であったことが判決で示されることから，行政は，そのような事態を生じさせないよう注意して活動すると考えられます。

　このように，違法な活動を行った行政の責任を事後的に追及するための制度が設けられていることで，被害者の救済のみならず，違法な行政活動を抑止する効果を期待することができます。

2．国家賠償の要件

　国家賠償法1条1項に基づく国家賠償責任の主な要件は，①**公権力の行使**，②**職務関連性**，③**故意・過失**，④**違法性**の4つです。

　このうち，①公権力の行使については，行政の活動を広く国家賠償法1条1項の「公権力の行使」に含める考え方が採用されており，死因究明に携わる公務員の活動がこれに該当しないことはあまり想定できません。②職務関連性についても同様です。また，③故意・過失については，民法上の不法行為責任における故意・過失（⇨第4講I 3，II 2）の考え方と異ならないため，以下では，*Case 8*の事例を念頭に，公務員による権限の不行使を想定して，④違法性の要件について説明します。

114

第6講 行政の責任と死因究明

(1) 国家賠償法1条1項にいう「違法」とは

公務員の行為が違法であると言うときの「違法」とは，当該行為が法令の規定に違反することを意味します。しかし，国家賠償法1条1項にいう「違法」について，判例は，単に法令に違反することを意味するのではなく，**職務上通常尽くすべき注意義務に違反**して当該行為をした場合に初めて同項にいう「違法」と評価されると判示しています（最判平成5年3月11日民集47巻4号2863頁等）。

この判例の立場からは，国家賠償責任の違法性要件は，注意義務違反を意味する過失の要件と重ねて判断されることになります。

(2) 警察官の権限不行使につき国家賠償責任が肯定された事例

警察官の職務権限のうち，国民の生命や身体という重要な権利を保護するための権限の不行使については，国家賠償責任が認められやすい傾向があります。

例えば，ⓐ銃刀法に違反するナイフを用いて飲食店で客を脅した被疑者を警察官が署に任意同行した後，一時保管（同法24条の2第2項）の措置をとることなくナイフを返却して被疑者を帰宅させたところ，その直後に被疑者が当該ナイフで飲食店の店員を刺した事案（最判昭和57年1月19日民集36巻1号19頁）や，ⓑ旧陸軍の不発弾がしばしば海岸に打ち上げられており爆発事故が起こる可能性があることを認識しながら，警察が危害防止のための必要な措置（警察官職務執行法4条1項）をとらなかったところ，不発弾が爆破して住民が死亡等した事案（最判昭和59年3月23日民集38巻5号475頁）では，国家賠償請求が認容されています。

115

第2章　基礎編

参照条文

銃砲刀剣類所持等取締法24条の2第2項　警察官は，銃砲刀剣類等を携帯し，又は運搬している者が，異常な挙動その他周囲の事情から合理的に判断して他人の生命又は身体に危害を及ぼすおそれがあると認められる場合において，その危害を防止するため必要があるときは，これを提出させて一時保管することができる。

警察官職務執行法4条1項　警察官は，人の生命若しくは身体に危険を及ぼし，又は財産に重大な損害を及ぼす虞のある…危険な事態がある場合においては，その場に居合わせた者…に必要な警告を発し，及び特に急を要する場合においては，危害を受ける虞のある者に対し，その場の危害を避けしめるために必要な限度でこれを引き止め，若しくは避難させ，又はその場に居合わせた者……に対し，危害防止のための通常必要と認められる措置をとることを命じ，又は自らその措置をとることができる。

---

(3) 警察官の権限不行使につき国家賠償責任が否定された事例

　上述した国民の生命や財産を保護するための権限とは異なり，刑事訴訟法に基づく捜査権限の不行使については，国家賠償責任が認められにくい傾向があります。

　例えば，ⓒ保護責任者遺棄致死罪の嫌疑で告訴（刑事訴訟法230条）された者が嫌疑不十分により不起訴とされたため，検察官による不起訴処分や担当警察官の捜査活動は違法であるとして告訴人が慰謝料の支払いを求めた事案（最判平成2年2月20日判時1380号94頁）や，ⓓ捜査継続中に任意提出した所有権放棄済みの

第6講　行政の責任と死因究明

証拠品を担当警察官が廃棄したことにより精神的苦痛を被ったとして，強盗強姦の被害者が慰謝料の支払いを求めた事案（最判平成17年4月21日判時1898号57頁）では，いずれも原告の請求が棄却されています。

これらの裁判例は，国家賠償法上の「違法」性を否定したものではありませんが，犯罪被害者が捜査によって受ける利益は，公益上の見地に立って行われる捜査によって反射的にもたらされる事実上の利益にすぎず，そもそも法律上保護される利益ではないとして原告の請求を棄却しており，公益上の見地から行われる活動に関する警察や行政の権限については，その不作為の違法性が国家賠償請求訴訟で認められる可能性はかなり低いと思われます。

Case 8 において国家賠償責任を追及できるか

Case 8 の事例では，Qの遺族が，警察や行政によってQの死因究明がなされなかったことを理由に，国や自治体に対する損害賠償請求を検討しています。

捜査権限の不行使に関する判例の立場を前提とすると，捜査活動として行われる司法解剖はもちろん，公衆衛生の見地から行われる行政解剖についても，権限不行使の違法を主張して国家賠償訴訟で争うことは難しいという結論になりそうです。

また，仮に国家賠償訴訟で争うことが認められるとしても，*Case 8* の事例では，Qが高齢で遺体に不自然な点もなかったことから，具体的事案において，警察や行政が死因究明のための権限を行使しなかったことが国家賠償法1条1項の「違法」に該当する可能性は低いと思われます。

第 2 章　基礎編

もっとも，①**死因究明等推進基本法**が「死者及びその遺族等の権利利益」を踏まえて死因究明を行うことが生命の尊重と個人の尊厳の保持につながることを基本理念に掲げていること（同条 3 条 1 項 1 号），②犯罪死の疑いがないと判断された死体の死因究明に関する警察の権限について定める**死因・身元調査法**が公衆衛生の向上と並べて「遺族等の不安の緩和又は解消」を目的に掲げていること（同条 1 条），③検視は純粋な犯罪捜査の手続でなく，広く死因究明の入口として位置付けられていることを踏まえると，少なくとも，死因・身元調査法に基づく死因究明のための検査（同法 5 条 1 項）や解剖（同法 6 条 1 項）に関する警察署長の権限の不行使については，遺族等の利益を法律上保護された利益と認め，国家賠償請求で争うことを認める余地はあると思われます。

Column　死因究明制度の課題

　前述のように，近年，日本の死因究明制度は，総合的な見直しが行われました。しかしながら，見直し後も，実際に解剖が実施される割合が低い，地域間格差が大きい，解剖に従事する医師等につき十分な人員・体制が確保できていないなど，課題は山積みです。これらはいずれも，死因究明二法や死因究明等推進基本法の立法段階から認識されていたものですが，十分な対応がなされたとはいえない状況にあります。

　警察や行政が負うべき責任を考えるときには，国家賠償法の解釈だけでなく，死因究明に関して責任を負うことのできる体制が整えられているのかという組織的な観点からの検討も求められるといえるでしょう。

118

第6講　行政の責任と死因究明

III　損失補償・国家補償の谷間

1．国家賠償と損失補償

　予防接種を実施すると，ごく低い確率ではあるものの，被接種者が死亡したり重篤な障害を負うことがあります（「悪魔のくじ」）。このような不可避的に生じる被害を救済するために，予防接種法に基づく救済制度が設けられていますが（同法15条以下），損害賠償が認められた場合と比べて救済の水準が低く，被害者が裁判による救済を求めることができないかが問題となります。

　この点に関しては，上述した国家賠償制度や，憲法29条3項の定める損失補償の考え方を用いることも考えられますが，予防接種禍については，一見，いずれの要件も充たしていないように思われるため，**国家補償の谷間**として議論されています（**国家補償**とは国家賠償と損失補償の双方を含む呼び方です）。

　国家賠償が「違法」な行政活動によって生じた国民の損害を回復するための制度であるのに対し，**損失補償**は，「適法」な行政活動によって生じた損失を回復する仕組みです。予防接種それ自体は予防接種法に基づく適法な措置ですが，損失補償が想定している典型的なケースとも異なることから，いかにして予防接種禍による被害（損害または損失）を救済すべきかが問題となるのです。

参照条文

憲法29条3項　私有財産は，正当な補償の下に，これを公共のために用ひることができる。

119

第 2 章　基礎編

2．国家賠償による救済

　国家賠償法に基づく救済を求める場合，被害者は，民事裁判において，同法 1 条 1 項の定める要件を主張立証しなければなりません。しかし，予防接種の副反応による被害（予防接種禍）は不可避的に生じるものであり，結果回避可能性がないとも考えられるため，接種を行った医師等の過失（結果回避義務違反）を立証することには困難が伴います。

　そこで，判例は，予防接種を行う医師に禁忌者（予防接種をしてはならない者）を判別するための高度の問診義務を課した上で，医師が十分な問診を尽くしたという反証を行わない限り過失を推定する**過失の事実上の推定**という手法を用いて，被害救済を認めました（最判昭和51年 9 月30日民集30巻 8 号816頁）。もっとも，この手法は，被害者救済の観点からは手厚いものである一方で，医師に不法行為が成立することを前提とするものであり，医師個人は賠償責任を負わないとはいえ（⇨**本講 II 1 (2)**），理論的にも医師の感情面からも，疑問の余地があるものでした。

　ちなみに，損失補償による予防接種禍の救済を否定した東京高判平成 4 年12月18日判時1445号 3 頁は，行政の**組織的過失**，すなわち予防接種行政のトップである厚生大臣（当時）の過失を認定するという方法により，国家賠償による救済を認めています。

3．損失補償による救済

　損失補償とは，適法な行政活動によって**特別の犠牲**を被った者に対し，公平の観点から，その損失を補償するという考え方です。

120

第6講　行政の責任と死因究明

予防接種禍に損失補償を認める見解は，財産権であっても補償されるのであるから，より重要な生命や健康については，当然に憲法29条3項によって補償されるべきであると主張し，実務的にも，無理に医師等の過失を肯定しなくても被害者を救済することができることから，過去の下級審判例の中には，損失補償の考え方に基づいて予防接種禍の被害救済を認めたものもありました（東京地判昭和59年5月18日判時1118号28頁等）。

　しかし，損失補償は，主に土地収用など財産上の損失に対する補償を念頭に発展してきた制度であり，これを予防接種禍の場合に応用することは，国家による個人の生命や身体の侵害を正当化することになりかねないという批判がなされ，前述した東京高判平成4年12月18日（上記東京地判昭和59年5月18日の控訴審判決）は下記のとおり判示して，損失補償による予防接種禍の救済を明確に否定しています。

東京高判平成4年12月18日判時1445号3頁

「もともと，生命身体に特別の犠牲を課すとすれば，それは違憲違法な行為であって，許されないものであるというべきであり，生命身体はいかに補償を伴ってもこれを公共のために用いることはできないものであるから，許すべからざる生命身体に対する侵害が生じたことによる補償は，本来，憲法29条3項とは全く無関係のものであるといわなければならない。したがって，このように全く無関係なものについて，生命身体は財産以上に貴重なものであるといった論理により類推解釈ないしもちろん解釈をすることは当を得ないものというべきである」

121

第2章　基礎編

本講のポイント

● 日本の死因究明制度には，犯罪捜査に関わるものや，公衆衛生に関わるものなど様々な仕組みがあるが，いずれについても，その入口で警察官が重要な役割を担っている。

● 民法上の不法行為と比較した場合，国家賠償制度の特徴は，①被害者救済の確実性，②公務の円滑な遂行，③違法な行政活動への抑止機能にある。

● 権限の不行使について，国民の生命や身体の保護のための権限の場合，国家賠償責任が認められやすいが，公益目的の権限の場合，国家賠償責任は認められにくい。

〔主な参考文献〕

・宇賀克也『行政法概説Ⅱ〔第7版〕』（有斐閣，2021年）

・高橋滋ほか編著『行政法Visual Materials〔第2版〕』（有斐閣，2021年）

・吉田謙一『ケースから読み解く法医学：正しい死因究明のために』（日本評論社，2023年）

・川端博『死因究明の制度設計』（成文堂，2023年）

・角松生史「犯罪捜査・公訴権の行使に関する国家賠償請求訴訟と『反射的利益』論」佐藤幸治＝泉徳治編『行政訴訟の活発化と国民の権利利益の権利重視の行政へ』（日本評論社，2017年）175頁以下

章末コラム 2

法医学者から見た法律の世界

高塚尚和（新潟大学死因究明教育センター長）

　私は医学科を卒業後，臨床を経験せず，直接，法医学の道に進みましたが，法医鑑定（診断）では病理学の知識が欠かせないと痛感し，法医学を辞めて病理学の大学院に進み，大学院修了後も数年は病理学を専門としていました。その後，再び法医学を専門として現在に至っている関係から，どちらかというと実験医学に携わる期間が長かったと思います。これまでに勤務した大学は地方にあり，殺人事件等も多くなかったことから，法律家（検察官）と接する頻度もそれ程高くなく，さらに法学部が設置されていない大学に勤務した期間もあり，法律との接点が決して多くない環境で過ごしてきました。とはいえ，裁判では証言を依頼され，業務として鑑定書を作成しますので，他の医師や医学者よりは法律との接点が多い環境にあります。

　医師の多くは，高校のときは理系クラスに所属して数学や理科の学習に時間を費やし，大学入学後は医学を中心に学ぶことから，法律を体型的に学んだ経験がなく，興味もない医師も少なくないと思います。私自身も法医学を専攻して，はじめて法医学実務に関わる最低限の法律を学んだ次第であり，今でも法律を読むことに苦痛を感じ，可能であれば読みたくないと感じることが少なくありません。

第3章

実践編

第3章　実践編

第7講

刑事事件における捜査活動と死因究明

はじめに

　第7講では，基礎編で学んだ刑法や刑事訴訟法に関する基礎的な知識を前提に，人の死が関わる刑事事件の捜査活動における死因究明の役割について学びます。

　具体的には，捜査活動において死因究明が行われる類型の刑事事件である殺人事件を想定し，死因究明との関係を意識しながら，捜査の実務について説明をします。

　本講の主な目的は，以下の3つです。

本講の目的

① 捜査において死因究明の果たす役割を知る。

② 捜査段階における死因究明のための手段を知る。

③ 具体的事例において，どのような点に留意して死因究明を行うべきかを知る。

第7講　刑事事件における捜査活動と死因究明

> ### *Case 9*　防砂林で胸に刺創のある死体が発見された事例
>
> 　ある日の早朝，新潟大学旭町キャンパスから少し海の方に行った防砂林で，犬の散歩をしていた近所の主婦が，胸に刃物で刺されたような傷のある上半身裸の男性の死体を発見した。
> 　死体を発見した主婦は，慌てて持っていた携帯電話で110番通報し，臨場した警察官が現場付近を捜索したところ，近くの草むらから，血のついた包丁が発見された。

　捜査段階における死因究明（広義の死因究明）の役割や手法について，具体的な事例を題材に考えてみましょう。

　上記の事例では，防砂林で胸に刺創のある上半身裸の男性の死体が発見されており，一見して殺人事件であると思われます。しかし，第3講でも指摘したように，犯人に適正な刑罰を科すには，捜査によって，①本当に犯罪が発生したのか（事件性），②犯人は誰なのか（犯人性），③どのような犯罪が成立するのか（犯罪構成要件該当性等），④犯罪の態様や動機，被害弁償の有無などの具体的な情状（犯情及び一般情状）を明らかにした上で，刑事裁判において，証拠からこれらのことを立証する必要があります。

　以下では，死因究明との関係で特に重要となる③犯罪構成要件や④犯情の解明との関係に着目して，捜査活動における死因究明について説明します。なお，事案によっては，①事件性や②犯人性を解明する上でも，死因究明が大きな役割を果たすことがあります（事件性を明らかにする上で死因究明が果たす役割につき，⇒**第8講Ⅱ3**）。

127

第3章　実践編

Ⅰ　捜査における死因究明の役割

1．捜査とは何か？

(1) 因果関係と死因究明

　捜査とは，犯罪が発生した疑いがある場合に，警察官や検察官が，犯人の特定や証拠の収集のために行う活動をいいます。映画やドラマで，刑事が事件現場で死体や現場の状況を確認したり，犯人を逮捕し取り調べるシーンを目にしたことがある人は多いと思いますが，それらはすべて捜査活動だということになります。

参照条文

刑事訴訟法189条2項　司法警察職員は，犯罪があると思料するときは，犯人及び証拠を捜査するものとする。
同法191条1項　検察官は，必要と認めるときは，自ら犯罪を捜査することができる。
　同条2項　検察事務官は，検察官の指揮を受け，捜査をしなければならない。

---

(2) 捜査の端緒

　犯罪発生後，捜査機関が犯罪を認知し，捜査を始めるきっかけのことを**捜査の端緒**といいます。死体の発見者が通報することや，犯罪被害に遭った者が被害届を出すこと，警察官が不審な人物を職務質問することなどが典型ですが，マスコミの調査報道や世間の噂が捜査の端緒になるケースもあります。また，刑事訴訟法には，現行犯人の逮捕（212，213条）や変死者等の検視（229条），

128

第 7 講　刑事事件における捜査活動と死因究明

犯罪の告訴（230条）・告発（239条），犯人の自首（245条）など，捜査の端緒に関する規定が多く設けられています。このうち，死因究明と関わりの深い**検視**については，後で取り上げます。

　捜査の端緒の後の捜査活動については，すでに第 3 講で学びましたので，次に，捜査活動における死因究明の意味について，具体的なケースを想定しながら説明します。なお，捜査段階において犯人と疑われる者を**被疑者**と呼ぶため（⇨p.47*Keyword*），以下，本講では加害者のことを「被疑者」と表記します。

２．捜査における死因究明の意味

　捜査活動において，死因究明はどのような意味を持っているのでしょうか。捜査において死因究明が重要になるのは，人の死という結果の発生が構成要件要素となっている犯罪，具体的には，殺人罪（刑法199条）や傷害致死罪（同法205条），過失運転致死罪（自動車運転死傷処罰法 5 条）などの場合です（⇨**第 2 講Ⅲ 1**）。

(1) 因果関係と死因究明

　上記の犯罪類型では，捜査活動において，死因究明によって因果関係を明らかにすることが不可欠です。例えば，殺人罪の犯罪構成要件は，ⓐ殺意を持って（故意），ⓑ人を死に至らしめる行為を行い（実行行為），ⓒその結果として（因果関係），ⓓ人が死亡した（結果）ことですが，このうちⓒ因果関係について真相を明らかにするには，狭義の死因究明（⇨**第 1 講Ⅱ 1 (1)**）によって，被害者の死因そのものを明らかにすることが不可欠です。

129

第3章　実践編

　例えば，仮に，被疑者がベッドで横になっている被害者を殺す
つもりで拳銃を発射し，被害者の心臓付近に弾が命中したという
ケースであっても，実際には被害者は心臓発作で1時間前に死亡
していたという場合，被疑者が拳銃を発射した行為と被害者の死
という結果との間に因果関係（⇨第2講Ⅱ2）が認められず，被疑
者に殺人罪の既遂犯としての罪責を問うことはできません。

(2) 実行行為と死因究明

　上記のケースは狭義の死因究明によって因果関係の有無が明ら
かになるケースですが，広義の死因究明によって，実行行為が判
明することもあります。

　例えば，同じ包丁が刺さって被害者が死亡したケースでも，包
丁が腹部に刺さった場合と背中に刺さった場合とでは違いがあり
ます。腹部の場合，犯行時の状況によっては，包丁を持って構え
ていた被疑者に被害者が勢いよく向かってきた結果，被害者の腹
部に包丁が刺さった可能性も否定できません。これに対し，包丁
が刺さっていたのが被害者の背中である場合，被害者が後ろ向き
に被疑者に向かって勢いよく向かってくることは通常考えにくい
ため，被疑者が包丁を被害者に突き刺したと考えられます。

　また，例えば，被害者に多数の防御創（抵抗した際に手指にで
きる切創など）がある場合や，被害者の後背部に多数の切創や刺
創がある場合，被疑者は，抵抗したり逃れようとしたりする被害
者を執拗に刃物で攻撃したことがうかがわれます。このように，
死体の状況から，被害者の直接の死因だけでなく，犯行時の実行
行為の態様（犯行態様）や犯行前後の行動を，ある程度推定する
ことができる場合があります。

第 7 講　刑事事件における捜査活動と死因究明

(3) 主観的要素と死因究明

　客観的要素だけでなく，故意や過失，被害者の内心といった主観的要素が死因究明によって判明する場合もあります。

　例えば，胸部を包丁で刺されて死亡した被害者の体内で凶器の包丁の刃が折れていた場合，被疑者が被害者の胸部という身体の重要部分（枢要部）を，包丁の刃が折れてしまうほど強い力で突き刺したことがうかがわれるため，被疑者が殺意を持って実行行為に及んだことを推定することができます（ただし，包丁を持った被疑者に被害者が勢いよくぶつかってきた可能性もゼロではないため，包丁の刃が折れていた事実のみから殺意を認定できるわけではありません）。

　また，例えば，小柄で見るからに力の弱そうな少女が，「殺して欲しいと頼まれたので，彼の首を紐で絞めて殺した」と言って自首してきた場合はどうでしょうか。被疑者の言っていることが真実であれば，通常の殺人罪は成立せず，同意殺人罪（⇨**第 2 講Ⅲ 1 (1)②**）が成立するにとどまります。死亡している被害者に本当に殺害を依頼したのか尋ねることはできませんが，被害者がプロレスラーのような屈強な成人男性であった場合，この被疑者が抵抗する被害者を力ずくで押さえつけて首を絞めることは難しいため，被疑者の供述が真実である可能性が高まります。ただし，死因究明によって犯行時に被害者が酒や睡眠薬で昏睡していたことが明らかになれば，力の弱い者でも被害者の首を絞めることが可能であることから，被疑者の供述を軽信することはできません。

　このように，被疑者や被害者の内心のような主観的要素を明らかにするにあたっても，死因究明が重要な役割を果たします。

第3章　実践編

> ### *Column*　死因究明なくして事案の真相解明なし
>
> 　これまで見てきたように，被害者が死亡しているケースでは，被害者が自ら被害時の状況を語ることができないことから，事件の真相を明らかにする上で，死因究明が極めて重要な役割を果たします。
>
> 　むしろ，人の生命を保護法益とする犯罪（⇨第2講Ⅲ1）が疑われる刑事事件の捜査においては，死因究明を適切に実施することなしに，事件の真相を解明して適正な解決をすることはできないと言っても過言ではないと思われます。

Ⅱ　捜査活動における死因究明

　次に，捜査段階における死因究明の方法について説明します。

1．実況見分・検証

(1) 実況見分・検証とは

　視覚や聴覚など人の五官の作用によって，物や人，場所の性質や状態を認識する捜査方法のうち，任意捜査として行われるものを**実況見分**と言い，強制処分（⇨第3講Ⅰ2(2)）として行われるものを**検証**と言います（刑事訴訟法218条1項）。

132

第 7 講　刑事事件における捜査活動と死因究明

参照条文

刑事訴訟法218条 1 項　検察官，検察事務官又は司法警察職員
　は，犯罪の捜査をするについて必要があるときは，裁判官の
　発する令状により，差押え，記録命令付差押え，捜索又は検
　証をすることができる。この場合において，身体の検査は，
　身体検査令状によらなければならない。

　遺体が発見された場所が道路や公園など誰でも出入りが可能な
場所の場合，任意処分である実況見分で行われることも多いです
が，人の住居や管理された建物の中である場合は，住人や管理者
の同意があったとしても，発見直後の状況については取り急ぎ実
況見分で保全しつつ，速やかに裁判官から令状を得て強制処分で
ある検証へと移行することが一般的だと思われます。

　Case 9 の事例の場合，誰でも出入り可能な場所のようですので，
実況見分として実施されることが多いと考えられます。

(2) 検証調書と実況見分調書の証拠能力

　刑事訴訟法上，書面は伝聞証拠として扱われるため，伝聞法則
の下，原則として，証拠能力（⇨**第 3 講 II 3 (3)**）は認められません
（伝聞法則につき，⇨**第 3 講 II 4 (1)**参照）。

　しかし，検証の結果を記載した調書（検証調書）については，
①公判廷では検証を行うことができないため調書を証拠とする必
要性が高いことや，②詳細に観察した結果を記載しているため書
面で報告させた方が正確であること，③警察官等が職務上作成す
るものであり信頼性が高いと考えられることなどの理由から，作
成者が検証の結果を正確に記載したものであることを公判廷で証

133

第3章　実践編

言することを条件に，証拠能力が認められます（刑事訴訟法321条
3項）。実況見分調書についても，検証調書と同様の趣旨が妥当す
ることから，判例により，検証調書と同じ条件で証拠能力が認め
られます（最判昭和35年9月8日刑集14巻11号1437頁）。

参照条文

刑事訴訟法321条3項　検察官，検察事務官又は司法警察職員の
　　検証の結果を記載した書面は，その供述者が公判期日におい
　　て証人として尋問を受け，その真正に作成されたものである
　　ことを供述したときは，第一項の規定にかかわらず，これを
　　証拠とすることができる。

---

(3) *Case 9*の事例における実況見分・検証

　*Case 9*の事例では，犯罪死（⇨p.11*Column*）である可能性が高
いことから，直ちに捜査が開始されます。

　まず，死体や発見現場の状況について実況見分または検証が行
われます。このうち，死体そのものについては，外見を確認し，
着衣の有無，身体の汚れ，傷などの状況や範囲，程度などを丹念
に記録していきます。また，発見現場の状況については，死体の
態勢や，関係する物の位置関係，現場の状況などについて文字や
写真等で記録するとともに，それぞれの距離関係を測定し，最終
的にはこれらを元に図面（現場見取図）を作成します。

　次に，現場やその周辺で捜査員が発見した物の形状や臭い（腐
敗臭や尿臭など）なども漏れなく記録します。例えば，発見され
た死体は右足のみ靴を履いており，砂防林の入口に被害者のもの

と考えられる左足の靴が残されている場合，左足の靴の発見状況や靴の状況（付着物の有無等），靴と遺体発見現場との位置関係などについて逐一記録します。このようなケースでは，靴下も脱げていて別の場所から発見されたり，あるいは，土に汚れ，ずり落ちた状態で死体の傍に落ちていたりすることがありますが，これらの事実も，犯行状況を特定する上で重要な証拠になり得るため，詳細に記録に残します。

　こうして記録した結果は，現場見取図や現場で撮影した写真，立会人による指示説明の記録を含め，実況見分であれば実況見分調書に，検証であれば検証調書にまとめられます。

2．司法解剖

(1) 司法解剖とは

　司法解剖とは，裁判官の発布した鑑定処分許可状（刑事訴訟法225条・168条）に基づいて行われる解剖のことをいい，外見からだけでは判断できない詳細な死因や死亡時期を明らかにするために行われます。司法解剖は，鑑定処分許可状という令状に基づいて実施することが求められており，強制処分にあたります。

　鑑定とは，特別の分野についての専門的知識や経験を有する者（学識経験者）に，その知識経験に基づいて判断をしてもらうことを意味します（⇨**第11講Ⅰ1**）。鑑定は，公判段階で行われることもありますが，多くの場合は捜査段階で行われます。捜査段階で行われる鑑定は**嘱託鑑定**と呼ばれ，捜査機関が専門的な知識や経験を有する鑑定受託者に嘱託して実施します（同法223条1項）。

第3章　実践編

　鑑定の中でも，血液鑑定やDNA型鑑定，薬物検査などについては，警察の科学捜査研究所（科捜研）など犯罪鑑識機関で行われる場合が多いですが，死体解剖については，法医学を専門とする医師に依頼がなされ，鑑定処分許可状に基づいて実施されます。

【図１：警察における死体取扱いにおける司法解剖の位置付け】

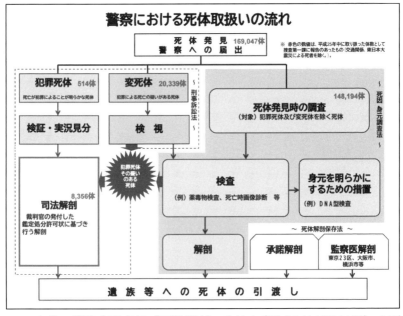

出典：警察庁刑事局「司法解剖の実施」（平成26年6月11日）　1頁

(2) 鑑定書

　捜査段階において鑑定受託者である医師が司法解剖を実施した結果は，**鑑定書**として捜査機関に提出されます。

　鑑定受託者の作成した鑑定書は，専門家がその特別の知識経験

第 7 講　刑事事件における捜査活動と死因究明

をもとに作成した書面であって内容の信用性が高いことなどから，作成者が法廷において鑑定の経過と結果を正確に鑑定書に記載したことを証言すれば証拠能力が認められます（⇨**第 9 講 I 5 (1)**）。

　なお，医師が作成した診断書については，鑑定書と同様の要件で証拠能力が認められますし，カルテや手術記録といった書面については「業務の通常の過程において作成された書面」（刑事訴訟法323条 2 号）として無条件に証拠能力が認められています。

参照条文

刑事訴訟法321条 4 項　鑑定の経過及び結果を記載した書面で鑑定人の作成したものについても，前項と同様である。

同法323条　前三条に掲げる書面以外の書面は，次に掲げるものに限り，これを証拠とすることができる。

一　戸籍謄本，公正証書謄本その他公務員（外国の公務員を含む。）がその職務上証明することができる事実についてその公務員の作成した書面

二　商業帳簿，航海日誌その他業務の通常の過程において作成された書面

三　前二号に掲げるものの外特に信用すべき情況の下に作成された書面

---

(3) *Case 9* の事例における司法解剖

　Case 9 の事例のようなケースでは，殺人事件である疑いが強いといえますが，司法解剖によって被害者の死因（狭義の死因）が明らかとなるまでは，断定することはできません。仮に，被害者が近くで見つかった包丁で胸を刺されていたのだとしても，その前に既に死亡していた可能性もあるからです。

第3章　実践編

　また，刃物で刺されて死亡したことが判明したとしても，司法解剖の役割はそれだけではありません。前述のように，傷の数や深さ，角度など死体の様々な状態を明らかにすることで，犯行態様や犯行時の被疑者の内心も明らかにする必要があります。司法解剖は後からやり直すことができないため，先入観を排し，死体に残った犯罪の痕跡を丁寧に記録しておくことが重要です。

3．犯罪死であることが明らかでない場合

　Case 9 の事例は，後から死因究明によって犯罪死でないと判明する可能性も残されているものの，少なくとも発見現場の状況を見れば，犯罪死であることが強くうかがわれる事案です。これに対し，犯罪死であることが明らかでないケースでは，どのような捜査が行われるのでしょうか。

(1) 検視

　犯罪死とは断定できないが，不自然な原因で死亡した疑いがある死体のことを**変死体**といいます。このような場合，捜査機関は，まずは検視を行います。**検視**とは，死体を五官の作用によって見分し，犯罪による死亡であるか否か，または，犯罪による死亡の疑いがあるか否かについて判断する捜査活動です。

　検視の主体は検察官ですが（刑事訴訟法229条1項），検察官は検察事務官や司法警察員（警察官）に検視をさせることができ（同条2項），実務上は，ほとんどのケースで司法警察員による検視（代行検視）が行われています。

138

第 7 講　刑事事件における捜査活動と死因究明

参照条文

刑事訴訟法229条 1 項　変死者又は変死の疑のある死体があると
　　きは，その所在地を管轄する地方検察庁又は区検察庁の検察
　　官は，検視をしなければならない。
　同条2項　検察官は，検察事務官又は司法警察員に前項の処分
　　をさせることができる。

　検視は，急を要することから令状は必要ありませんが，医師の
立ち合いが必要とされています（検視規則 5 条）。また，検視は，
司法解剖をするか否かの判断にあたり必要な事項，つまり，犯罪
死の疑いがあるかどうかを判断するための捜査活動であるため，
死因や死亡推定時刻を含め多くの事項を綿密に調査する必要があ
ります（⇨*Column*）。なお，検視の結果，犯罪死やその疑いがある
とされた死体については，司法解剖へと移行します。

Column　検視の要領

　検視の要領を定める検視規則 6 条は，第 1 項で，綿密に調
査しなければならない事項として，①死体の氏名・年齢・住
居・性別，②死体の位置・姿勢・創傷その他の変異や特徴，
③着衣・携帯品・遺留品，④周囲の地形・事物の状況，⑤死
亡の推定年月日時・場所，⑥死因（特に犯罪行為に基因する
か否か），⑦凶器その他犯罪行為に供した疑のある物件等，
⑧自殺の疑があるときは自殺の原因・方法等，⑨中毒死の疑
があるときは症状・毒物の種類・中毒に至った経緯を列挙し
ており，広義の死因究明を意識した規定となっています。

第3章　実践編

(2) 死因・身元調査法

　警察が認知した死体のうち，犯罪死であることが明らかでなく，また，犯罪による死亡の疑いがあるともいえないものについては，死因・身元調査法（⇨**第6講Ⅰ1(2)③**）に基づき手続が進められます。同法に基づく措置は，いわば捜査活動の前段階というべきものですが，死体発見時の調査や，必要に応じて薬毒物検査や死亡時画像診断，解剖などの措置ができることなり，死因究明のためのあらたな手段として期待されています。

【図２：死因・身元調査法による措置】

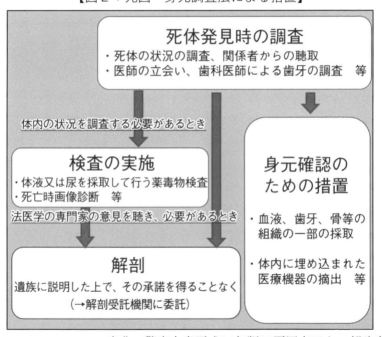

出典：警察白書平成26年版29頁図表53を一部改変

第 7 講　刑事事件における捜査活動と死因究明

本講のポイント

● 捜査における死因究明の果たす役割として，被害者の死因
だけでなく，犯行態様の解明や殺意などの主観的要素を推
認させる事実などを明らかにすることが挙げられる。

● 捜査段階における死因究明のための主要な手段として，実
行見分・検証，司法解剖，検視が挙げられる。

● 「警察等が取り扱う死体の死因又は身元の調査等に関する
法律」の制定により，上記の手段の対象でない死体につい
ても，死因究明のための措置が可能となった。

〔主な参考文献〕
• 池田修=前田雅英『刑事訴訟法講義〔第 7 版〕』（東京大学出版
会，2022年）
• 前田雅英『刑法総論講義〔第 8 版〕』（東京大学出版会，2024
年）
• 池谷博=櫻田宏一『あたらしい検案・解剖マニュアル』（金芳
堂，2018年）
• 高津光洋『検死ハンドブック〔改訂 3 版〕』（南山堂，2016年）
• 前田雅英『裁判員のための刑事法入門』（東京大学出版会，
2009年）

第3章 実践編

第8講

刑事裁判における事実認定と死因究明

はじめに

　第8講では，刑事裁判における事実認定と死因究明との関係について学びます。刑事事件でも民事事件でも，事件を解決する上で事実認定が非常に大きな役割を果たします。

　本講では，刑事裁判における事実認定とは何かについて説明した上で，殺人事件の具体的事例を題材に，「事件性の有無」と「殺意」について，死因究明の役割を意識しつつ，それぞれ具体的な事実認定の方法について解説します。

　本講の主な目標は，以下の3つです。

本講の目標

① 事実認定とは何かを理解する。

② 刑事裁判における「事件性の有無」と「殺意」の事実認定の方法を知る。

③ 刑事裁判の事実認定にあたって死因究明が果たす役割を知る。

第8講　刑事裁判における事実認定と死因究明

I　事実認定とは何か

Case10　妻を殺したという自首の110番通報があった事例

　男性の声で「自宅で妻を殺した。」と110番通報があり，警察が駆けつけたところ，高齢の女性が布団の上で死亡していた。

　その場にいた高齢の男性に事情を聴いたところ，「介護疲れから寝たきりの妻の口を手で塞いで殺した。」と供述し，女性の口の周りに圧迫されたような痕があったことから，警察は，男性を殺人の疑いで逮捕した。

　上記は実際にあった事例ですが，この事例では，何が問題となっているのでしょうか。

　事案の内容からは，男性が妻を殺害したことは間違いないように思われます。しかし，これまで何度も繰り返しているように，死因究明がなされる前に殺人事件だと決めつけることはできません。このことは，本人が自白している場合も同様です。

　以下，上記の事例を題材に，刑事裁判における事件性と事件性の事実認定について説明します。

1．刑事裁判における事実認定と立証責任

(1) 刑事裁判における事実認定

　現実の裁判では，民事事件・刑事事件を問わず，法律解釈が主たる争点となることは非常に少なく，ほとんどの場合，**事実認定**

143

第3章　実践編

が主な争点になります。実際，刑事事件において地裁と高裁で有罪・無罪に関する判断が分かれた事例の多くは，法律解釈の違いではなく，地裁と高裁とで事実認定が異なったことが原因です。ここでは，刑事裁判における事実認定に焦点をあてて説明します。

　刑事裁判においては，検察官が，①犯罪が行われたこと（**事件性**），②被告人が犯人であること（**犯人性**），③被告人の行為が犯罪構成要件に合致すること（**構成要件該当性**）について，証拠によって証明しなければなりません。それ以外にも，検察官は，事案に応じて，④違法性阻却事由がないことや⑤責任阻却事由がないことなどを，証拠によって証明する必要があります。このことを，**刑事裁判における立証責任は検察官にある**，と表現します。

　これらの立証は，「地球が回っていること」のように，世間一般に知られていて通常人であれば疑うことのない事実（公知の事実）を除き，裁判所に採用された証拠のみによって行われます（もちろん，当該証拠に**証拠能力**（⇨第3講Ⅱ3(2)）が認められることが前提です）。そして，裁判所が，証拠から「まず間違いなくあった」といえるかどうかを判断するのが，刑事裁判における事実認定です。刑事裁判では，裁判所は，当該事実が「『あった』のか，それとも『なかった』のか」を判断するのではなく，当該事実が「『まず間違いなくあった』といえるか，それとも，『まず間違いなくあった』とまではいえないのか」について判断することに注意してください（「**疑わしきは被告人の利益に**」⇨第3講Ⅱ2）。

(2) 事実認定の方法

　事実認定には，ⓐある事実を直接証明することができる証拠（**直接証拠**）によって行う事実認定と，ⓑある事実を間接的に裏

第8講　刑事裁判における事実認定と死因究明

付ける事実（**間接事実**）を積み上げて総合判断することによって
行う事実認定の2つの方法があります。この間接事実を証明する
証拠のことを**間接証拠**といいます。

Column　直接証拠の証明力

　直接証拠の典型的な例として，犯罪の瞬間を撮影していた
防犯カメラの映像や，犯罪を目撃した第三者の供述などがあ
りますが，このような直接証拠があるからといって，直ちに
犯人性や構成要件該当性が認定できるわけではありません。
このような場合であっても，裁判所は，当該証拠の証明力
（⇨**第3講Ⅱ3**）について，慎重に判断する必要があります。

　防犯カメラの映像の場合，映像の内容に何らかの誤りが存
在しないか（例えば，防犯カメラの映像の表示時刻が実際の
時刻と数分程度ずれていることは非常によくあります）や，
その映像から被告人が犯人であると間違いなく認定できるか
（例えば，防犯カメラの映像が粗く，被告人とよく似た別の
人物の可能性を排斥できないことがあります）といった点な
どについて，慎重に判断する必要があります。また，そもそ
も映像自体が何者かによって偽造されたものではないかとい
う点についても，念のため検討する必要があります。ちなみ
に，筆者は，刑事事件ではありませんが，DNA鑑定書が偽造
されたものであったケースに遭遇したことがあります。

　目撃供述のような主観証拠の場合，人の記憶は非常に曖昧
なものであることから，その信用性について，さらに慎重に
判断する必要があります。

145

第3章　実践編

　直接証拠がある場合，事実認定は，その直接証拠によって当該事実が「まず間違いない」と判断できるか否か，という観点から行われます。この場合，直接証拠の信用性の有無や程度を判断するための，直接証拠以外の証拠のことを**補助証拠**といいます。

　これに対し，直接証拠がない場合，事実認定は，間接事実を積み上げて総合判断することにより，検察官が主張する事実が「まず間違いなくあった」と認定できるか否か，という観点から行われます。間接事実についても，公知の事実を除き，証拠（間接証拠）によって認定する必要があります。なお，間接証拠のことを情況証拠ともいいます。報道や小説などでは状況証拠と記載されることもありますが，情況証拠が正確な表記です。

　なお，何が直接証拠で何が間接証拠になるかは，証明しようとする事実との関係で決まります。例えば，*Case10* の事例の場合，本人が「妻の口を手で塞いで殺した。」と供述していることから，実行行為（被害者の口を手でふさいだこと）については，上記の本人の供述が直接証拠となります（ただし，憲法38条3項により自白のみで有罪とすることはできません）。

参照条文

憲法38条3項　何人も，自己に不利益な唯一の証拠が本人の自
　　　　白である場合には，有罪とされ，又は刑罰を科せられない。

　これに対し，仮に，本人がそのような供述をしていなかったとしたら，直接証拠がないため，間接証拠の積上げにより実行行為やその他の事実を立証する必要があります。

146

第8講　刑事裁判における事実認定と死因究明

2．間接事実による事実認定

　間接事実による事実認定は，法曹関係者以外には少しわかりにくいため，裁判所では，裁判員に選任された人のために，次のような事例を用いて説明しています。

> 　ある朝起きて窓の外を見たら，街全体に一面の雪が積もっていたとしましょう。前の晩，寝る前に窓の外を見たときには雪が積もっていなかったとしたら，皆さんは，夜の間に雪が降った，と考えると思います。このとき，皆さんは，夜の間に雪が降っているところを実際に見たわけではありませんが，夜の間に雪が降ったのだと判断しています。これを，間接事実による事実認定と言います。

　上記の説明は，間接事実による事実認定を非常にわかりやすく示しています。つまり，この事例では，ⓐ朝に街全体に一面の雪が積もっていたこと，ⓑ前の晩には雪が積もっていなかったことの2点が間接事実であり，これらの間接事実から，「まず間違いなく」夜の間に雪が降った，と認定しているのです。

　もちろん，抽象的な可能性としては，夜間に何者かがどこかから雪を運んできて街全体に撒いたということも考えられるかもしれませんが，そのようなことは合理的にはあり得ないため，ⓐとⓑの事実が立証されれば，**合理的な疑いを超える証明**（⇨第3講Ⅱ5(2)）がなされたと考え，「夜の間に雪が降った」と事実認定できることになります。なお，上記の事例では，ⓐとⓑの間接事実について，それを見た「皆さん」の供述が間接証拠となります。

147

第3章　実践編

3．*Case10* の事例における事実認定

Case10 の事例では，被告人が自首して犯行を自白しており，女性の口の周りに圧迫されたような痕もあったことから，殺人罪の成立は間違いないようにも思われます。

しかし，前述したように，自白のみで有罪とすることはできないため，上記のようなケースでも，司法解剖等を行って被害者の死因を特定するとともに（**狭義の死因究明**），犯行態様や犯行前後の状況をできる限り明らかにして（**広義の死因究明**），被害者の死が犯罪によるものであること（事件性），被告人が犯人であること（犯人性），被告人の行為が殺人罪の構成要件に該当し違法かつ有責であること（犯罪の成立），および情状等を証拠から認定する必要があります。

実際の事件では，捜査段階で行われた司法解剖の結果，犯行当時，被害者は衰弱していたものの生存してことが判明し，被疑者（⇨p.47*Keyword*）が被害者の口を手で塞いだことにより被害者が死亡したことも裏付けられたため，検察官は，被疑者を殺人罪で起訴しました。その後，裁判員裁判の公判廷において，司法解剖をした医師が鑑定の結果について証言し（⇨**第9講Ⅱ**），裁判所は，殺人罪の成立を認めました。

ただし，被告人が長年にわたり被害者の介護を行っていたことや，犯行時において被害者が老衰によりいつ自然死してもおかしくない状況であったことなどから，情状が酌量され，執行猶予付きの懲役刑が言い渡されています。

第8講　刑事裁判における事実認定と死因究明

II　事件性の認定と死因究明

> ### *Case11*　拳銃で頭を撃たれた死体の事件性が争われた事例
>
> 　被害者が行方不明になった直後に被害者の知人が自宅の庭に大きな穴を掘って翌日に埋めたという目撃情報を得た警察は，裁判官の令状発布を受けて，当該知人宅の庭を掘り返した。
>
> 　すると，土中から被害者の死体が発見され，司法解剖の結果，①被害者は拳銃で頭を撃たれ死亡したこと，②弾丸は被害者の右側頭部後方から左側頭部前方に向かって貫通したこと，③胃の内容物から，被害者は食事をとってから2時間以内に死亡したと考えられることなどが判明した。
>
> 　逮捕された被疑者は「ゴミを捨てるため穴を掘って埋めた。被害者の遺体については何も知らない。誰かが夜中に庭を掘り返して埋めたのではないか」と述べ犯行を否認した。しかし，その後の捜査で，被疑者が被害者の銃創と矛盾しない型の拳銃を所持していたことが判明したため，検察官は，被疑者が被害者を殺害したことは明らかであると考え，殺人罪で起訴した。

　上記の事例で事件性は認められるでしょうか。以下，事件性の認定と死因究明との関係について見ていきましょう。

1．事件性の有無の判断と死因究明

　人が死亡した場合であっても，それが犯罪によるものではない，すなわち事件性がないと判断されれば，捜査は行われませんし，

第3章　実践編

仮に検察官が起訴したとしても，無罪が言い渡されます。

　例えば，病死や自殺の場合，基本的に事件性はないと判断されます。ただし，医療過誤による病死の場合は業務上過失致死罪（刑法211条前段）が成立する可能性がありますし，自殺の場合も，自殺関与罪（刑法202条前段）が成立する可能性があります。

　このように，犯罪の成否は，死の直接の原因（狭義の死因）や死亡に至る経緯（広義の死因）と密接に関係しており，事件性の有無についても，死因が究明されて初めて適正に判断することができます。しかしながら，実際には，死因が明らかでない段階で警察が事件性はないと判断し，その後，実は事件性があったことが判明したケースが存在します（⇨第1講Ⅱ2，3）。

　犯罪を見逃さないためには，死因が明らかでない死体については積極的に解剖等を行うなどして死因究明を行い，その結果を前提に事件性の有無を判断することが重要です。

2．*Case11* の事例における事件性の事実認定

　刑事裁判では，起訴状記載の事実のみが審理の対象となるため，被告人が殺人罪で起訴されたときは，原則として殺人罪の成否のみが問題となります。ただし，殺意や因果関係のような殺人罪の犯罪構成要件の一部が認定されなかった場合，傷害致死罪（同法205条）や殺人未遂罪（同法203条・199条）で有罪となることがありますが（これを「**認定落ち**」といいます），被害者が自殺や事故で死亡した場合，この可能性もないため，犯人性や構成要件該当性を審理するまでもなく，犯罪の成立は否定されます。

150

第8講　刑事裁判における事実認定と死因究明

(1) なぜ*Case11*の事例で事件性の有無が問題となるのか

　この事案を見て，検察官と同様，被告人が被害者を殺害したことは明らかだと考える人がいるかもしれません（むしろ，そう考えるのが通常だと思われます）。また，中には，上記の事実からは被告人以外の者が被害者の遺体を埋めた可能性が排斥できないと考え，犯人性が問題になると考えた人もいるかもしれません。実際の事件でも，犯人性が主たる争点となりましたが，実は，その前提として，事件性の有無も問題となりました。

　被害者の遺体が地中から発見されていることから，被害者が何者かに殺害されたことは明らかであるとも考えられます。しかしながら，拳銃による事故や自殺で死亡した被害者の遺体を何者か（これには被告人も含まれます）が埋めた可能性を排斥できるでしょうか。日本では拳銃を所持しているだけで重い罪に問われることを考えれば，例えば，自身が違法に入手した拳銃を被疑者に渡して自慢していたら暴発して被害者が死亡したという場合，罪に問われるのを怖れて被害者の遺体を隠蔽することが直ちに不合理であるとはいえません。自分の拳銃で被害者が自殺した場合も同様です。なお，この場合，死体遺棄罪（刑法第190条）の事件性は認められますが，ここでは殺人罪の事件性のみを考えます。

　そして，刑事裁判では，被告人が「被害者が自分の拳銃を使って自殺した」とか「被害者が誤って拳銃を発射して被害者を死な

参照条文

刑法190条　死体，遺骨，遺髪又は棺に納めてある物を損壊し，
　　遺棄し，又は領得した者は，3年以下の懲役に処する。

第3章　実践編

せてしまった」などと主張していないからといって，直ちにこれらの可能性を排斥することはできません。検察官に立証責任がある以上，被告人が一貫して「何も知らない」と述べていたとしても，事件性，つまり，被害者が自殺や事故死ではなかったことを，検察官が証拠によって証明する必要があるのです。

(2) 事実認定上の問題点

　実際の事件の判決文では，裁判所は，**ⓐ拳銃の弾道から被害者が自殺したとするには体勢が相当不自然であること，ⓑ自殺による遺体を何者かが土中に埋める理由は通常見出し難いこと，ⓒ頭部の損傷状況等は暴発事故によるものとしても不自然であること**の３点を理由として挙げ，これらを合わせ考えると，被害者は他殺により死亡したと認められると認定しています。しかし，この判示は，結論はさておき，事実認定の根拠となった事実の摘示がやや不十分であるように思われます。

　まず，ⓐについてですが，裁判所は，被害者が自殺したとするには「体勢が相当不自然」であると認定していますが，本当にそういえるでしょうか。仮に，被害者が首をひねって頭部のみ左を向いた状態で拳銃を右手に持って自殺したとすればどうでしょうか。自殺をするときに恐怖を感じることは理解できることですから，目線を拳銃と反対方向に向けることが不自然だとはいえませんし，その場合，前を向いた状態でこめかみに拳銃を当てるのと同じ腕の位置で，遺体の頭部に残された弾道の向きが実現します。

　また，ⓑについては，被害者が自身の拳銃で自殺した場合は裁判所の言うとおりですが，前述のように，被害者が何者かの所有

152

第8講　刑事裁判における事実認定と死因究明

する拳銃で自殺した場合，その何者かが拳銃の不法所持が発覚するのをおそれて遺体を土中に埋め，事件そのものの隠蔽を図ることは「通常見出しがたい」とまではいえないように思われます。

このように，裁判所の判示のみからは，少なくとも被害者が自殺した合理的な疑いを排斥することは困難であるといえます。

ここからは想像ですが，裁判官と裁判員は，実際には上記ⓐⓑⓒの事実以外の事実（被害者は被害者宅で食事をとってから2時間以内に死亡したと考えられること，被害者の死亡と前後して被告人が庭に穴を掘って埋めていたこと，その他公判廷における被告人の供述や態度など）をも考慮して被害者が殺害されたという心証を形成したものの，判決文には，事件性の根拠として上記ⓐⓑⓒの事実のみを記載したものだと考えられます。

3．事件性の認定における死因究明の役割

上述のように，判決文における事件性の認定には，やや強引なところがある印象を受けますが，その背景には，捜査段階において事件性について十分な捜査が尽くされておらず，事件性を認定するための証拠がもっぱら解剖医の証言になってしまったという事情があると考えられます。捜査機関は，本件のような事件性が明らかと考えられるケースであっても，**あらゆる可能性を考慮しつつ捜査を尽くす必要がある**といえるでしょう（上記事例では，殺害場所は特定されておらず，弾丸も発見されていません）。

また，死因究明のあり方としては，直接の死因（本件では，頭部銃創による頭蓋内損傷）や死因と直接関係する事実（本件では，

第3章　実践編

弾道の角度等）だけでなく，**事件当時の状況についても，遺体に残された痕跡からできる限り明らかにしておく**ことが重要だといえます。例えば，本件では，弾丸は「被害者頭部の約2メートル以内」から発射されたと認定されていますが，仮に，被害者の頭部皮膚内に残された未燃火薬の粒子の量などから弾丸が「1メートル以上2メートル以内」から発射されたと特定できていれば，自殺を否定する決定的な事実となった可能性があります。

　このように，間接事実による事実認定にあたっては，可能な限り詳細に間接事実を認定することが求められ，そのための間接証拠を丹念に収集することが肝要です。捜査段階における**死因究明にあたっても，被害者の遺体に残された事件の痕跡をできる限り丁寧に記録し，分析しておく**ことが重要となります。

Ⅲ　殺意の認定と死因究明

　次ページの事例は，殺人罪の主観的構成要件要素である殺意が否認されたという事案です。

　殺意は，被告人の心の中のことがらであるため，被告人が否認している場合，間接証拠の積み上げによって証明するほかありません。

　以下，次ページの事例を題材に，間接事実による殺意の認定方法について説明します。

154

第8講　刑事裁判における事実認定と死因究明

Case12　包丁で被害者の首を刺した被告人が殺意を否認した事例

　被疑者は，知人と公園で酒を飲んでいる最中に口論になり，自宅に戻って包丁を持ち出し公園へ戻ると，座っていた被害者に近づき，その勢いのまま被害者の首を包丁で突き刺した。

　騒ぎを聞いて現場に駆け付けた警察官らは，包丁を持って立っていた被疑者を現行犯逮捕するとともに119番通報したが，被害者は救急搬送先の病院で死亡した。

　被疑者は，捜査段階から一貫して黙秘したが，検察官は，証拠から被疑者が殺意をもって被害者の首を包丁で刺したと認定できると判断し，被疑者を殺人罪で起訴した。

　被告人は，公判において，「被害者を脅すつもりで本当に刺す気はなかった。被害者の首の横の空間を狙って包丁を突き出したら手元が狂って刺さってしまった。殺すつもりも怪我をさせるつもりもなかった。」と供述し，殺意を否認した。

1．殺意の意味と事実認定の方法

(1)「殺意」の意味

　殺人罪（刑法199条）の構成要件である**殺意**とは，「あいつを殺してやる」という積極的な殺害の意図だけでなく，**人の死という結果を認識・認容**しているにとどまる場合にも認められます。さらに，この認識・認容は不確実で消極的なものであってもよく，「ひょっとすると死ぬかもしれないが，それでもいいか」という意識であっても認められます（**未必の殺意**。⇨第2講Ⅲ2(2)）。

155

第3章 実践編

> ### *Column* 「殺意」と裁判員
>
> 　殺意は法曹関係者以外にとっては難解な概念であり，一般人である裁判員にとって正確に理解することが難しいことが予想されます。
>
> 　そこで，裁判員裁判では，判例や学説には立ち入らず，「**人が死ぬ危険性が高い行為をそのような行為であるとわかって行った**」場合に認められる，などと事実認定に必要な範囲で簡潔に表現して説明するなどの工夫をしています。

(2) 殺意の事実認定の方法

　前述のとおり，事実認定には，ⓐ**直接証拠**によって行う事実認定と，ⓑ**間接事実**を積み上げて総合判断することによって行う事実認定の2つの方法があります。殺意は，被告人の内心のことがらであるため，*Case12*の事例のように被告人が否認している場合，間接事実の積み上げによって判断するしかありません。

　殺意に関する代表的な間接事実は，①**凶器の種類・形状**，②**創傷の部位・程度**，③**犯行の態様**，④**犯行の経緯・動機**，⑤**犯行前後の被告人の言動**の5つです。ただし，間接事実による事実認定は，最終的に総合判断によって行うことに留意が必要です。

　このうち，死因究明との関係では，①凶器の種類・形状，②創傷の部位・程度，③犯行の態様が特に重要です。なお，殺意は殺人未遂罪（刑法203条・199条）の場合などにも問題になりますが，本講では，被害者が死亡したケースを想定して，上述した殺意の代表的な殺意の間接事実について，順番に説明します。

156

２．凶器の種類・形状

　犯行に用いられた**凶器の種類や形状**は，被告人の殺意を認定するにあたり，非常に重要な間接事実です。以下，凶器が拳銃のケースと，凶器が刃物であるケースについて説明します。

(1) 凶器が拳銃のケース

　拳銃で人を撃つ行為は，それ自体が非常に危険な行為であることから，被害者を狙って故意に拳銃を発射したというケースでは，通常はその事実だけで強い確信的殺意を認定することができます。

　したがって，凶器が拳銃である場合，被告人が慎重に被害者の危険性の低い部位に狙いを定めて（あるいは外すことを意図して）拳銃を発射し，かつ，そのための技量が被告人には十分に備わっていたが，たまたま運悪く被害者の身体の枢要部に弾丸が命中し被害者が死亡したという極めて例外的な事情でもない限り，確定的な殺意が認められやすいといえます。

(2) 凶器が刃物の場合

　凶器が刃物である場合，種類や形状によってその危険性が大きく異なります。例えば，日本刀のように長く鋭利で，かつ，本来的に人を殺傷するための武器である場合，急所を狙わず振り回しただけであっても，人が死ぬ危険性が高い行為といえ，殺意が認められそうです。また，拳銃にもいえることですが，日本刀のような日常生活で使用することがあり得ない凶器を用いた場合，計画的な犯行であることがうかがわれるため，この点からも確定的な殺意が認定できることが多いといえます。

第3章　実践編

　これに対し，凶器が日常的に使用される刃物である場合，「とっさに手に取ってしてしまった」ということも，不合理な弁解であるとはいえません。特に，小鋏のように刃渡りが短い刃物の場合，急所を目がけて何度も突き刺すような態様でなければ，未必の殺意すら認められないこともあり得ます。

　このように，凶器が刃物であるケースでは，その形状や他の間接事実を勘案して行為の危険性を検討し，殺意の有無を判断します（毒殺や撲殺など他の凶器が用いられた場合も同様です）。

　なお，司法解剖等の結果から凶器の種類や形状がある程度特定され，それを基に捜査が行われて凶器が発見されることもよくあります。このことは，死因究明が果たす役割が，単に直接の死因を明らかにするにとどまらないことの一例といえます。

3．創傷の部位・程度

　犯人の行為によって被害者が死亡した場合，その実行行為は，客観的にみて人を死に至らしめる危険な行為であることが多いといえます。しかし，**創傷の部位や程度**によっては，被告人が自らの行為の危険性を認識しておらず，殺意の前提となる危険性の認識に欠け，殺意が認定されないこともあり得ます。

　そこで，殺意の認定にあたっては，創傷の部位や程度も，重要な間接事実となります。

(1) 創傷の部位

　首や心臓を刃物で刺すと人が死ぬ危険性があることは子どもでもわかるため（実際にこのような判示をした裁判例があります），

第8講　刑事裁判における事実認定と死因究明

被告人が被害者の首や心臓を狙って刃物で刺した場合，被告人には，少なくとも未必の殺意が認められることが多いと思われます。

これに対し，大腿部のように，刃物で刺した場合の危険性が首や心臓ほど一般に知られていない部位を刺したケースでは，被害者が死亡したからといって，殺意を認定することができるとは限りません。また，人体の急所を刃物で刺した場合であっても，被告人は危険性の低い他の部位を狙ったにもかかわらず，被害者が動いたために急所に刺さってしまったようなときは，殺意が認定されないことがあり得ます。

(2)　創傷の程度

創傷の程度とは，傷の深さや数のことを意味し，これらは，一般的に加えられた攻撃の強さや回数を示すものといえます。

例えば，被害者の刺し傷が非常に深い場合，特別な事情のない限り，被告人が力を込めて被害者を刃物で突き刺したと考えられるため，確定的な殺意が認められることが多いといえます。

次に，被害者の創傷が複数である場合，1カ所のみの場合と比べ，行為の危険性や被告人の加害意思の程度が高いといえ，殺意が認められやすいといえます。特に，傷が数十カ所にも及ぶような場合，創傷の部位が身体の枢要部であるときはもちろん，仮に身体の枢要部でなくとも，殺意が認められる可能性があります。

このように，創傷の程度も殺意の判断にあたり重要な間接事実ですが，創傷の程度，特に傷の深さについては，外見からは明らかでないことも多いことから，司法解剖等によってどの程度の創傷であるのかを正確に確認し，記録しておく必要があります。

159

第3章　実践編

４．犯行の態様

次に，**犯行の態様**について説明します。広い意味の犯行態様には，凶器の種類・形状や創傷の部位・程度も含まれますが，ここでは，これらを含まない犯行態様について述べます。

(1) 凶器の選択・用法

凶器を選択した理由や凶器の用法が，殺意の有無の判断に影響を及ぼすことがあります。

例えば，料理中に口論になり，咄嗟に出刃包丁を手にとって被害者を刺した場合，計画性はなさそうですし，スリコギだと思ったら包丁だったということも，絶対にあり得ないとはいえません。このような場合，凶器が危険なものであっても，殺意が認定されないことがあり得ます。反対に，手に取りやすい場所に小さな果物ナイフがあったにもかかわらず，あえて刃渡りの大きい出刃包丁を手に取った場合，殺意は認められやすいといえます。

次に，凶器の用法が通常の用法と異なる場合，それを理由に殺意が肯定されることもあり得ます。

例えば，包丁の刃を水平に向けて手に持ち，心臓を突き刺した場合，通常はそのような持ち方をしないことから，肋骨の隙間から心臓を刺すことを意図していた可能性があります。また，刃を上に向けて被害者の腹部を刺し，上方に向かって強く引き上げる行為も，確定的殺意に基づくものと判断される可能性があります。

このように，殺意の有無の判断にあたっては，広義の死因究明により，凶器の選択や用法についても解明する必要があります。

160

第8講　刑事裁判における事実認定と死因究明

(2) 犯行時の被害者の行動

　犯行時の被害者の行動も，殺意の有無の判断に影響を与えることがあります。

　例えば，凶器に殺傷能力の高い刃物が用いられ，かつ，被害者の創傷の部位・程度が非常に危険なものであっても，実は被告人には殺意はなく，脅すつもりで被害者に刃物を向けたところ，被害者が被告人に向かって突進してきたために刃物が被害者に刺さってしまったというケースも，あり得ないとはいえません。

　実際の殺人事件の刑事裁判で被告人がこのような主張をし，殺意に加えて実行行為や因果関係が争点となった事案もあります。ちなみにその事案では，被害者の遺体を司法解剖した医師の証言により，刃物が刺さった角度や深さなどから被告人の主張するような状況は起こり得ないと認定され，殺人罪の成立が認められて被告人に有罪判決が言い渡されました。

5．犯行の経緯・動機，犯行前後の被告人の言動

　上記で述べた凶器の種類・形状や，創傷の部位・程度，犯行の態様と比べ，**犯行の経緯・動機**や**犯行前後の被告人の言動**は，死因究明によって明らかになることは少ないといえます。

　しかしながら，これらも殺意の認定に関する重要な間接事実であり，かつ，司法解剖等によって，突発的な犯行か計画的な犯行か，強い恨みに基づく犯行か否か，犯行後に被告人が治療行為を行ったか否かなどの事実が判明することもあります。

　繰り返しになりますが，死因究明とは，被害者の直接の死因を

161

第3章　実践編

特定することのみを意味するものではなく、犯行に至る経緯や犯行時の被告人および被害者の行動、犯行後の被告人の行動などを解明することも、広義の死因究明に含まれます。死因究明にあたっては、一見事件とは関係がなさそうな事実についても記録をとり、争点となった際に対処できるよう備えておくことが重要です。

---

*Case12*において殺意を認定できるか

　本文中で示した事実認定の考え方に従うと、死因究明の結果を待つまでもなく、次のことを指摘することができます。

　まず、被告人は、包丁という危険性の高い刃物を使用しており、かつ、わざわざ一旦帰宅してから持ち出していることから、危険性を認識した上で実行行為に出たと考えられます。

　次に、首を刃物で刺せば人が死ぬ危険性があることは誰でも知っていることであり、かつ、座っていた被害者に近づいた勢いのまま包丁で首を刺しており、犯行態様も危険です。

　また、被告人は、犯行後も被害者を救助せず包丁を持ったまま立っていたのですから、被害者が首に重傷を負ったことが被告人にとって意図せぬ結果だったとは考えにくいといえます。

　これらを総合すると、被告人には、被害者が死ぬ危険性がある行為をそうと知りつつ行ったと言え、被告人に殺意があったといえるのではないでしょうか。

　以上より、被告人には殺意があったと考えられます。なお、実際の裁判では、司法解剖等の結果によって創傷の程度などの事実も明らかとなり、より精緻な事実認定がなされるでしょう。

162

第8講　刑事裁判における事実認定と死因究明

本講のポイント

● 刑事裁判における事実認定とは，裁判所が証拠から事実を認定することをいう。

● 事実認定には，直接証拠による認定と，間接事実を積み上げて総合判断することによる認定の2つの方法がある。

● 事件性の有無は，直接の死因や死に至る経緯を明らかにすることで適正な判断が可能となる。

● 殺意は内心に関することがらであるため，被告人が否認している場合，間接事実を積み上げて認定するしかない。

● 間接事実の中には，解剖等によって明らかになるものも多く，事実認定にあたって死因究明が果たす役割は大きい。

● 死因究明にあたっては，遺体に残された痕跡等をできる限り明らかにして記録しておくことが重要である。

〔主な参考文献〕

• 石井一正『刑事事実認定入門〔第3版〕』（判例タイムズ社，2015年）

• 植村立郎『実践的刑事事実認定と情況証拠〔第4版〕』（立花書房，2020年）

• 植村立郎編『刑事事実認定重要判決50選〔第3版〕(上)(下)』（立花書房，2020年）

• 司法研修所編『難解な法律概念と裁判員裁判』（法曹会，2009年）

163

第3章　実践編

第9講

刑事裁判における立証活動と死因究明

はじめに

　第9講では，人の生命を保護法益とする犯罪類型の刑事裁判における立証活動を念頭に，死因究明との関係で重要となる鑑定と証人尋問のポイントについて説明します。

　具体的には，捜査段階で捜査機関から嘱託を受けて鑑定を実施した医師が公判段階で証人として尋問を受けるケースを想定し，鑑定の意義や種類について説明した上で，証人尋問がどのような流れで実施されるのかについて説明します。

　本講の主な目標は，以下の3つです。

本講の目標

① 刑事手続における鑑定の種類と役割を知る。

② 刑事裁判における証人の役割と証人尋問の流れを知る。

③ 裁判員裁判における鑑定の取り扱いについて知る。

第9講　刑事裁判における立証活動と死因究明

***Case13*　刑事裁判において被害者の死因が争点となった事例**

　介護施設の職員であった被告人は，勤務先で高齢の被害者に間食のドーナツを配膳したところ，直後に被害者が意識を失い心肺停止に陥った。その後，被害者は救急隊員によって病院へ救急搬送され，病院で心拍が回復したが，意識を回復しないまま，約1か月後に心肺停止に起因する低酸素脳症で死亡した。

　本件では遺体の解剖は実施されなかったが，被害者の死因の鑑定を嘱託された医師Rがカルテ等の資料を基に「被害者の死の原因となった心肺停止はドーナツを喉に詰まらせて窒息したことによって生じた」とする鑑定意見を提出したため，検察官は被告人を業務上過失致死罪（⇨**第2講Ⅲ1(3)**）で起訴した。

　なお，弁護人が医師Sに私的鑑定を依頼したところ，被害者の心肺停止の原因は脳梗塞の可能性が高いとの鑑定意見が出されたため，被告人は，刑事裁判において無罪を主張している。

Ⅰ　刑事手続における鑑定の役割

1．鑑定の意義と種類

(1) 鑑定とは何か

　鑑定とは，高度の専門知識や経験を有する者（学識経験者）に，その知識や経験に基づいて特定の事項について判断をしてもらうことを意味します。刑事事件においては，被害者の死因の特定を目的とした鑑定（死因鑑定）のほか，被疑者・被告人の責任能力

165

第3章　実践編

についての鑑定（精神鑑定。⇨*Column*），血液型やDNA型，指紋・足痕等の鑑定，血中アルコール濃度や尿中の覚醒剤等の鑑定があり，さらに，車両の損壊状況等から事故の態様を推測する鑑定など，多種多様な鑑定が行われています。これらの事項については，専門家による信頼度の高い鑑定がなされない限り，裁判所が適正な判断を下すことは困難です（鑑定結果によって有罪無罪の判断が分かれた事例につき，⇨p.168*Column*）。

Column　精神鑑定

　精神鑑定は，主に被告人の責任能力の認定（⇨p.34*Column*）のために行われる鑑定であり，刑事事件において，死因鑑定とならび非常に重要な役割を担っています。精神鑑定には，簡単な検査や問診のみを行う簡易鑑定と，数か月にわたり病院等に留置して詳細に検査を行う本鑑定があります。

---

(2) 刑事手続における鑑定の種類

　刑事手続における**鑑定**には，ⓐ裁判所の命令により実施される証拠調べとしての鑑定（刑事訴訟法165条），ⓑ検察官や司法警察員等の捜査機関の嘱託により実施される鑑定（**嘱託鑑定**。同法223条1項），ⓒ被疑者や被告人またはその弁護人の依頼により実施される鑑定の3つがあります。ⓒについては，刑事訴訟法の規定に基づいて実施されるものではないことから**私的鑑定**と呼ばれます。

　なお，鑑定を行う者のことを**鑑定人**といいますが，ⓑ嘱託鑑定の場合は鑑定受託者と呼ぶのが一般的です。以下，裁判所が命令する鑑定を中心に具体的に説明します。

第9講　刑事裁判における立証活動と死因究明

2．裁判所の命ずる鑑定

(1) 証拠調べとしての鑑定

　裁判所の命令により実施される鑑定は，原則として公判の証拠調べ手続の中で行われます（裁判員裁判における例外的な取扱いにつき，後述5(2)）。嘱託鑑定の結果の公正性を担保する観点から異なる鑑定人が再鑑定を行うケースや，最新の知見に基づいて鑑定をやり直すケースがあります（⇨p.168*Column*参照）。

　もっとも，裁判所の命令により実施される鑑定のうち，実務上，一番多く行われているのは，被告人の犯行当時の精神状態を判断する精神鑑定です。被告人の責任能力が争点となる事例では，起訴前に捜査機関の嘱託による精神鑑定（嘱託鑑定。後述3(1)）が行われるのが通例ですが，起訴後にあらためて裁判所の命令による鑑定が実施されることもあります。

(2) 鑑定の実施までの流れ

　鑑定人が選任されると，裁判所は鑑定人を召喚し，**鑑定人尋問**を行います。鑑定人は，自らの体験した事実を述べる証人と異なり代替性があることから，証人のように召喚に応じない場合の勾引（刑事訴訟法152条）をすることはできません（同法171条）。

　鑑定人尋問では，鑑定人が宣誓書に署名することにより**宣誓**を行い（同法166条，刑事訴訟規則128条），その後，裁判所が，鑑定人の経歴や鑑定経験等を尋問して適正な能力を有していることを確認した上で，鑑定を命じます。この鑑定人尋問は，鑑定結果についての証人尋問とは異なるものですので，注意が必要です。

167

第3章　実践編

Column　足利事件と再鑑定

　足利事件は，1990年に栃木県足利市で4歳の女児が殺害され
て遺棄された事件です。捜査段階において科捜研が嘱託鑑
定を実施したところ，被害者の着衣に付着していた犯人のも
のと思われる体液のDNA型や血液型と，同市内の男性のDNA
型や血液型が一致するという結果が得られたことなどから，
男性が逮捕起訴され，裁判の結果，わいせつ誘拐，殺人，死
体遺棄の罪で無期懲役が言い渡されて確定しました。

　しかしその後，服役中の男性が申し立てた再審請求抗告審
において，裁判所が弁護人の申立てに基づき再鑑定の実施を
決定し，最新の知見に基づき再鑑定が実施された結果，被害
者の着衣に付着していた体液のDNA型と男性のDNA型が一致
しないことが判明したため，再審開始が決定され，その後の
再審において，被告人に無罪が言い渡されて確定しました。

　この事件において，再審請求抗告審決定（東京高決平成21
年6月23日判時2057号168頁）は，再鑑定の実施を決定した
理由につき，「本件の証拠構造における本件DNA型鑑定の重要
性及びDNA型鑑定に関する著しい理論と技術の進展の状況等
にかんがみ」再鑑定を行う旨を決定したと述べています。な
お，再審判決（宇都宮地判平成22年3月26日判時2084号157
頁）は，1991年に実施されたDNA型鑑定について，具体的な
実施の方法が技術を習得した者により科学的に信頼される方
法で行われたと認めるには疑いが残ると判示して，その鑑定
結果が記載された鑑定書の証拠能力を否定しています。

第9講 刑事裁判における立証活動と死因究明

(3) 鑑定の実施

　鑑定は，公判廷で行われることもありますが，裁判所外で実施することもでき（刑事訴訟規則130条1項），この場合，裁判所は，鑑定に必要な資料等を鑑定人に交付することができます（同条2項）。実際には，ほとんどの鑑定が裁判所外で実施されています。

　また，鑑定人は，鑑定について必要がある場合，裁判所の許可を受けて，人の住居や建造物等に入ったり，死体を解剖したりといった必要な処分を行うことができます（刑事訴訟法168条1項）。その際に裁判所が発する許可状を**鑑定処分許可状**と呼びます。

　鑑定を終えたら，鑑定人は，鑑定の結果と経過を裁判所に鑑定書または口頭により報告します（同規則129条1項）。**鑑定の結果**とは，鑑定事項についての鑑定人の最終的な判断をいい，**鑑定の経過**とは，そのような判断に至った理由のことをいいます。多くのケースでは，鑑定書を提出することで報告します。

3．その他の鑑定

(1) 捜査機関の嘱託による鑑定

　刑事事件で実施される鑑定の大部分は，捜査機関の嘱託による鑑定（嘱託鑑定）です。ほとんどのケースでは捜査段階で実施され，その結果は鑑定書にまとめられて公判廷で取り調べられます。

　嘱託鑑定には，裁判所の命ずる鑑定の規定が多く準用されています。例えば，鑑定受託者は，鑑定を行うために必要な処分を裁判官の許可を受けて行うことができ（刑事訴訟法225条・168条1項），鑑定留置も認められています（同法224条・167条1項）。

第3章　実践編

(2) 弁護人等の依頼による鑑定

　近年では，弁護人が私的鑑定を依頼するケースも増えており，刑事事件において重要な役割を果たすことがあります。例えば，被告人の犯行時の精神状態や治療による再犯防止可能性について精神科の医師に意見書の作成を依頼し，証拠として提出することがこれにあたります。

　筆者が扱った事案でも，執行猶予中に万引きをして起訴された被告人について，窃盗症（クレプトマニア）と診断した上で，治療による再犯防止の可能性が認められるとする内容の医師の意見書を提出したところ，裁判所が，再度の執行猶予を付したケースがありました。このような私的鑑定について，刑事訴訟法に特段の規定はないため，裁判官の許可を得て強制的な処分を行うことはできず，鑑定を受ける者の承諾を得て実施する必要があります。

4. 鑑定書の記載事項

　鑑定書には，①鑑定人の結論（判断）を意味する**鑑定結果**や②鑑定人が結論に至った理由を意味する**鑑定の経過**のほか，③鑑定に使用した**鑑定資料**や④鑑定に際して実施した**検査結果**の客観的記録も記載されます。

　解剖を伴う死因鑑定の場合，解剖等を行った死体の客観的状況の記録（**解剖記録**）を写真や図面を添付する形で記載します。解剖記録は，**外部所見**，**内部所見**，**損傷**，**諸検査**の4つにわけて記載するのが一般的であり，創傷が多数にわたるような事案では，一つ一つの創傷の部位や形状，程度等を丁寧に記録します。公判

第9講 刑事裁判における立証活動と死因究明

段階であらためて死体を解剖することは不可能ですから，裁判官が適正に事実認定できるよう，解剖時の客観的状況をもれなく記載することが重要です。

　なお，鑑定書を読むことになる裁判官や検察官，弁護人は，医学の専門家ではありませんし，裁判員の場合，鑑定書を目にすること自体が初めてという人がほとんどです。そのため，特に鑑定の経過については，できる限り平易な表現で説明し，難解な専門用語や概念については，説明を付記するのが望ましいでしょう。また，鑑定事項は，裁判官や裁判員が最終的な判断をする際の参考となるものであることから，医学の専門家でない者が読むことを前提に，一般人にとって，一義的に明らかで誤解が生じない表現で記載することが重要です。これにより，誤判を防ぐだけでなく，刑事裁判における無用な争いを避けることができます。

5．公判における鑑定書の取扱い

(1) 鑑定書の証拠能力

　刑事裁判では，伝聞法則（⇨**第3講Ⅱ4(1)**）により，公判廷外で作成された書面は原則として証拠とすることができません。しかし，鑑定書については，専門家が高度の専門知識や経験をもとに作成した書面であって内容の信用性が高いことなどから，取調べに同意がされなかったとしても，鑑定人が公判廷において作成の真正性を証言すれば，証拠能力が認められます（刑事訴訟法321条4項）。なお，鑑定受託者の作成した鑑定書についても，判例により刑事訴訟法321条4項の準用が認められています（最判昭和28

第 3 章　実践編

年10月15日刑集 7 巻10号1934頁）。

　ただし，公判廷において鑑定人や鑑定受託者が作成の真正性について証言する際には，実務上，内容の真実性についての尋問も行われるのが通例であることから，鑑定を嘱託する捜査機関は，鑑定受託者に対し，あらかじめ刑事裁判の場で証言を求められる可能性があることを説明して了承を得ておく必要があります。

(2) 裁判員裁判における鑑定の取扱い

　裁判員裁判対象事件において鑑定を行う場合，集中審理ができなくなり裁判員の負担が大きくなることが懸念されます。そこで，裁判員裁判対象事件については，公判前整理手続の段階で鑑定を実施できることとし，鑑定の経過および結果のみ公判廷で報告することとなっています（裁判員法50条）。これにより，鑑定人は，公判前整理手続の段階で鑑定書を作成し，公判開始後，公判廷で鑑定の経過と結果を報告するという方法が可能となっています。

　死因究明に深く関わる問題として，裁判員裁判における刺激証拠の問題があります。司法解剖の結果が記載された鑑定書や死体発見現場の実況見分調書の内容（特に添付写真）は，裁判員にとっては刺激が強すぎ，精神的なダメージを負うことが懸念されます。実際に，制度発足直後に刺激証拠に接した裁判員がPTSD等を訴えたこともあり，近年では，写真の代わりにイラストが用いられることが多く，死体の傷の状況についても，白黒のイラストで描かれたり，ときには，人体図に番号を振り，傷の位置や形状等を全て文字や数字で表現したりすることも行われています。

　このような裁判所の運用については，刑事裁判における適正な判断という観点から，問題視する見解も示されています。

第9講　刑事裁判における立証活動と死因究明

Ⅱ　刑事手続における証人の役割と尋問の流れ

1．証人尋問とは何か？

　刑事裁判の証拠には，大きく分けて，証拠書類（**書証**），証拠物（**物証**），証人（**人証**）があります。人証のうち，被告人以外の者の供述を**証言**と呼び，尋問（**証人尋問**）によって証拠調べがされます。証人には，公訴事実を立証または否定するための証人と，被告人の情状立証のための証人（**情状証人**）があり，実際の刑事裁判において尋問を受ける証人のほとんどは情状証人です。

　公訴事実を立証するための証人としては，例えば犯行の目撃者が考えられ，このような証人については，通常，捜査段階で詳細な供述調書が作成されます。しかし，公訴事実が争われているケースでは，供述調書が不同意とされ，検察官の請求により証人尋問が行われます。これとは逆に，弁護人が公訴事実を否定するための証人尋問を請求することもできます。

Case13 の事例における鑑定証人の尋問請求

　Case13 の事例では，両当事者の主張が真っ向から対立しており，最終的には，検察側・弁護側の双方が，医師Rや医師Sの証人尋問を請求すると考えられます。

　なお，医師Rの鑑定書については，Rが真正性を証言すれば鑑定書の証拠調べが可能ですが（⇒**本講Ⅰ5(1)**），実務上，真正性を証言する際に内容の真実性についても尋問が行われるため，いずれにしても両者の尋問が行われることになります。

第3章　実践編

２．証人尋問の流れ

(1) 証人尋問の請求・採用

　他の証拠調べと同様，証人尋問についても，検察官や弁護人等の請求により裁判所が実施を決定するケースが典型ですが，裁判所が職権で決定するケースもあります（刑事訴訟法298条参照）。

　ちなみに，証人とは，裁判所等に対して自己の直接経験した事実を供述する者をいい，このうち，特別の知識や経験によって知り得た事実について供述する者のことを鑑定証人といいます（同法174条）。例えば，医師が自らの診察した患者の病状について証言する場合がこれにあたります。また，証人は，自らが体験した事実から推測したことについても証言することができます（同法156条１項）。鑑定証人の場合，特別な知識や経験に基づく推測を証言することも許されます（同条２項）。

(2)証人の出頭〜宣誓

　証人尋問は，召喚により出頭した証人または裁判所の構内にいる証人に対して行います（刑事訴訟規則113条２項）。ほとんどの場合，証人尋問の請求をした当事者が証人を**同行**して在廷させ，証人尋問を行います。当事者が同行できない場合，裁判所は，証人を**召喚**します（刑事訴訟法143条の２）。証人を強制的に**勾引**して出廷させることも認められています（同法152条）。

　証人が出頭すると，証人出頭カードに氏名や住所，生年月日，職業などを記載します。また，証人は，尋問前に宣誓書を朗読して宣誓し，宣誓書に署名押印をしなければなりませんが（同法154

第9講　刑事裁判における立証活動と死因究明

条，同規則117条，118条），実務上は開廷前に済ませるケースが
ほとんどです。開廷後は，証人尋問が始まるまで傍聴席で待機す
ることが通例ですが，プライバシーの侵害や不当な圧力を避ける
ため別室で待機する場合もあります。

　証人尋問が始まると，証人は，証言台の前に立つように指示さ
れ，初めに裁判官から**人定質問**がされます（同規則115条）。氏名
以外の事項については，証人のプライバシーに配慮し，「証人出頭
カードに記載したとおりで間違いないですか」という質問がされ
るのが通例です。続いて，証人が宣誓書を朗読して**宣誓**し（同規
則118条），朗読後に宣誓書を裁判所に提出します。宣誓後，尋問
の開始前に，裁判官が**偽証の警告**を行い（同規則120条）。また，
供述拒否権についても説明されます。

　ちなみに，初めて証人として出廷する際は，ほとんどの人が緊
張していますが，人定質問と宣誓で発声練習のつもりで大きく声
を出すと，少し緊張がほぐれるようです。もし証人となる機会が
あれば，試してみてください。

(3) 証人尋問

　証人尋問は，実務上，最初にその証人尋問を請求した検察官ま
たは弁護人が尋問し，その後，もう一方の当事者が尋問するとい
う順に行なわれるのが通例です。これを**交互尋問**といい，請求し
た側の尋問を主尋問，もう一方の側の尋問を反対尋問といいます。

　刑事訴訟法は，**当事者主義**（⇨第3講Ⅰ4(3)）を採用しており，
この原則に沿う形で，証人尋問においても当事者が交互に尋問す
ることを原則とし，裁判所は必要ある場合に限って補充的に尋問

175

第3章　実践編

を行うという運用がなされています。なお，**主尋問**は，立証すべき事項とそれに関連する事項，証言の証明力を争うために必要な事項について行うこととされ（同規則199条の3），証人の身分等の準備的事項や訴訟関係人に争いがないことが明らかな事項などの例外を除き，誘導尋問は禁止されています（同条3項）。

① **主尋問**

　遺体の司法解剖をした法医学教室の医師の証人尋問（主尋問）の場合，具体的には以下のようなやりとりが行われます。

検察官：まず，証人の経歴をお尋ねします。証人は，○○大学医学部法医学教室に勤務されている医師ですね。

証　人：はい，そうです。

検察官：証人は，1995年3月に○○大学医学部を卒業され，同年に医師免許を取得していますね。

証　人：はい，そのとおりです。

検察官：その後は，一般病院に勤務され，2005年，○○大学医学部法医学教室の助手となり，准教授を経て，現在，同教室の教授をされていると言うことですね。

証　人：はい，そうです。

検察官：これまでに司法解剖を行った件数は何件ですか。

証　人：法医学教室に助手として入ってから，現在までの間に，およそ200件と記憶しております。

検察官：司法解剖の他に行政解剖も行った経験はありますか。

証　人：はい，あります。

検察官：行政解剖のご経験は何件ほどありますか。

証　人：25件程度と記憶しています。

176

第9講　刑事裁判における立証活動と死因究明

> 検察官：証人は，〇〇大学医学部法医学教室の解剖室におい
> 　　　　て，〇〇〇〇さんの死体を解剖して，〇〇さんの死
> 　　　　因の鑑定を行いましたね。
> 証　人：はい。
> 検察官：鑑定の結果については，鑑定書を作成していますね。
> 証　人：はい，私が鑑定書を作成しました。
> 検察官：（鑑定書を示す）
> 　　　　これは，証人が作成した鑑定書の写しですね。
> 証　人：はい。
> 検察官：こちらに記載してある氏名等ですが，証人が署名さ
> 　　　　れ，押印なさったもので間違いないですか。
> 証　人：はい，そのとおりです。
> 検察官：この鑑定書の内容について，何か訂正しておきたい
> 　　　　点などありますか。
> 証　人：特にありません。
> 検察官：鑑定の経過と結果については，この鑑定書に間違い
> 　　　　なく記載されていますか。
> 証　人：はい，私が鑑定を行った経過と結果を間違いなく記
> 　　　　載しております。　　　　　　　　　（以下，略）

　上記のとおり，冒頭で，まず証人（鑑定書を作成した医師）の経歴等についての誘導尋問し，その後，鑑定書を示して，鑑定書を作成した者が証人であること，鑑定の経過と結果を正確に記載したものであるか（成立の真正性）どうかを確認します。
　ちなみに，鑑定書等について，「自分が作成したものなのに，書面を見ながら証言できないのか」という質問をされることが

第3章　実践編

ありますが，日本の裁判では，原則として書面や物を見ながら証言することはできません。例外として，上記の例のように，書面の成立や同一性などについて尋問する場合や，証人の記憶を喚起する必要がある場合に限り，尋問の際に書面や物を証人に示すことができます（同規則199条の10，199条の11）。

② 反対尋問・再主尋問・補充尋問

主尋問が終わると，もう一方の当事者（嘱託鑑定を行った鑑定人の場合は弁護人）から**反対尋問**が行われます。反対尋問は，原則として，主尋問に現れた事項および関連する事項に限られます。ただし，裁判長の許可を受けた場合や証人の供述の証明力を争うために必要な事項についての尋問は認められます（同規則199条の4第1項，199条の5第1項）。なお，反対尋問については，主尋問の場合と異なり，誘導尋問を行うことが許されます（同規則199条の4第3項）。

反対尋問が終わると**再主尋問**となります。再主尋問は，反対尋問に現れた事項および関連する事項に限られます（同規則199条の7）。規則で予定されているのは再主尋問までですが，裁判長の許可があれば，その後も，再反対質問・再々主尋問・再々反対質問と続けることが可能です（同規則199条の2第2項）。

当事者による尋問の後，裁判所が職権で**補充尋問**を行います（同規則199条の9）。もっとも，当事者による尋問の途中であっても，裁判所は必要と判断した場合はいつでも介入して補充尋問を行うことが可能です（同規則201条）。

178

第9講　刑事裁判における立証活動と死因究明

3．証人尋問の留意点

(1) 尋問する側の留意点

　証人尋問については，冗長な質問を避け，できる限り個別的かつ具体的で簡潔な尋問をしなければなりません（同規則199条の13第1項）。また，ⓐ威嚇的または侮辱的な尋問，ⓑすでにした尋問と重複する尋問，ⓒ意見を求め又は議論にわたる尋問，ⓓ証人が直接経験しなかった事実についての尋問は禁止されています（同条3項）。

　ⓐが許されないことは常識的に考えて明らかですが，ⓑⓒⓓのについては，許される場合もあるため，裁判所も判断に迷って尋問を制止しないことがあります。このような場合，本来は許されない尋問であっても，それに証人が答えてしまうと，証人の証言は証拠となります。そこで，そのような場合，当事者が裁判官に対して異議の申立て（同規則205条1項）を行います。ちなみに，ゲームの法廷シーンで相手方に「異議あり！」と言う場面がありますが，異議は，禁止されている尋問を裁判所が止めないことについて裁判所に対して申し立てるものであり，尋問をしている当事者や証人に対して発言するものではありません。

(2) 証人として証言する側の留意点

　証人として何よりも大切なことは「記憶に基づいて証言する」ということです。証人が意図的に記憶に反する証言をすることが許されないのは当然ですが，はっきりしない曖昧な事項について，曖昧な部分を想像で補い，はっきり覚えているかのように証言することも，記憶に反する証言であって許されません。

179

第3章　実践編

　真面目な方ほど，「記憶が曖昧だ」とか「よく見えなかった」などと答えると不誠実だと思われるのではないかと考えてしまう傾向があるようですが，記憶が曖昧であることは曖昧である，よく見えなかったものはよく見えなかった，とはっきり答えることが「記憶に基づいて供述する」ということなのです（⇨*Column*）。

Column　ある証人尋問のケース

　以下は，ある刑事裁判の証人尋問における反対尋問を要約したものです。証人は，被告人が被害者の胸ポケットから財布を盗んだ瞬間を現認したという警察官でした。記憶にないことを想像で補って回答することの危険性がよくわかる事例です。

弁護人：あなたは，被告人がスリを行ったところを間違いなく目撃したんですね。

証　人：はい，そうです。

弁護人：被告人はどのように財布を盗んだのですか。

証　人：右手を被害者の胸ポケットの方に伸ばし，財布をスッとつまみ上げました。

弁護人：実際にやってもらえますか。

証　人：（右手の親指と他の4本の指で財布を挟む仕草をする）

弁護人：被告人は右手の親指とその他の指で財布をつまんで被害者の胸ポケットから抜き取ったということですか。

証　人：間違いありません。

弁護人：被告人には右手の親指がありませんが，証人は，本当に被告人が右手の親指とその他の指で財布をつまんで抜き取ったところを見たのですか。

証　人：・・・・・・

第9講　刑事裁判における立証活動と死因究明

本講のポイント

● 鑑定とは，学識経験者がその知識や経験に基づいて事件に関する特定の事項について判断することをいう。

● 刑事訴訟法上の鑑定には，裁判所の命令により実施される鑑定（同法165条）と，捜査機関の嘱託により実施される鑑定（同法223条1項）があり，これとは別に，弁護人等が依頼する私的鑑定がある。

● 証人尋問とは，公判廷において，証人に自己の直接経験した事実を供述させる方法で行う証拠調べである。

● 証人のうち，特別の知識や経験によって知り得た事実について供述する者を鑑定証人という。

● 証人として証言する際は，記憶に基づいて証言することが何より重要である。

〔**主な参考文献**〕

• 司法研修所監修『刑事第一審公判手続の概要 ―参考記録に基づいて―〔平成21年度版〕』（法曹会，2009年）

• 池田修＝前田雅英『刑事訴訟法講義〔第7版〕』（東京大学出版会，2022年）

第3章　実践編

第10講

民事裁判における事実認定と死因究明

はじめに

第10講では，民事事件における事実認定と死因究明との関係について学びます。

民法上の不法行為に基づく損害賠償請求の事案では，しばしば過失や因果関係の有無が重要な争点となります。本講では，人の死が深く関わる民事事件を題材に，民事裁判において裁判所が過失や因果関係を認定するための方法について説明します。

本講の主な目標は，以下の3つです。

本講の目標

① 民事裁判における過失の認定方法を知る。

② 民事裁判における因果関係の認定方法や必要となる立証の程度を知る。

③ 人の死が関わる民事裁判の事実認定において死因究明が果たす役割を知る。

182

第10講　民事裁判における事実認定と死因究明

I　民事裁判における過失の認定

過失の認定に関して取り上げる事案は以下の2つです。

Case14　冠状動脈バイパス手術後に病院で患者が死亡した事例

Aは，平成3年2月22日，B病院において冠状動脈バイパス手術を受けた。Aの術後管理を担当していたC医師は，23日夕刻頃からAが強い腹痛を訴え，24日未明には高度のアシドーシスを示すようになったことなどから腸管壊死を疑ったが，対症療法を行っただけで，経過観察を続けた。その後，24日夜に開腹手術が行われたものの，Aは，25日午後1時頃，腸管壊死により死亡した。

Aの遺族は，C医師には，腸管壊死を疑って直ちに開腹手術を実施すべき注意義務を怠った過失があるとして，B病院に対して損害賠償を求める民事訴訟を提起した。

Case15　認可外保育施設において乳児が死亡した事例

Xは，事故当日午前8時頃，生後4か月の長男DをE会社の設置運営する認可外保育施設に預けたところ，お昼すぎに同施設のベビーベッド上でDがうつ伏せ寝の体勢で心肺停止状態となっているのを同施設の保育従事者が発見し，119番通報したが，Dは，同日午後2時頃，搬送先の病院で死亡した。

Xは，Dは保育従事者らの過失により窒息死したと主張して，Eおよび保育従事者らに対して損害賠償を求め提訴した。

183

第3章　実践編

1．民事損害賠償と故意・過失

(1) 民法709条の「故意又は過失」とは

　民事裁判における過失の認定について説明する前提として，民法709条の「故意又は過失」について少しだけ説明します。

　まず，「故意」は，日常生活の中では「わざと」という意欲的な要素を含む言葉として用いられますが，民法の世界では，意欲までは必要とされず，「そうなっても仕方がない」という結果の認容で足りると考えられています。

　次に，「過失」については，判例において様々な考え方が示されていますが，本講では，ひとまず，「結果発生の予見可能性がありながら，結果の発生を回避するために必要とされる行為をしなかった」，すなわち**予見可能性**と**結果回避義務違反**という過失の基本的な構成要素（⇨**第4講Ⅱ2**）を前提に説明します。

(2) 民事紛争における争点

　上記のとおり，故意による加害行為の場合でも不法行為責任は成立しますが，故意に人を死に至らしめた場合は殺人であり，人の死が関わる民事紛争において故意の有無が争点になることは，あまり多くありません。そこで，以下では，民事事件における過失の認定に焦点をあてて説明します。

　なお，正確には，過失そのものは事実ではなく**評価**であり，過失に関する事実認定は，過失という評価の根拠となる事実（**評価根拠事実**）や評価を妨げる事実（**評価障害事実**）について行われますが，本講では「過失の認定」という表現を用いて説明します。

184

第10講　民事裁判における事実認定と死因究明

２．過失の認定の構造

(1) 理論的な過失の認定構造

　過失とは，予見可能性があることを前提とした結果回避義務違反を意味しますが，それを図表に示すと下図のようになります。

【図１：過失の理論的な事実認定の構造】

　つまり，理論上は，ある結果の発生が予見でき，その結果を回避することができたにもかかわらず，結果を回避する義務を尽くさなかった場合に，過失があったと認定されるわけです。

　例えば，自動車を運転する際，高速道路上などの特別な場所を除き，横断歩道のない場所であっても，歩行者が道路を横断することは通常予見できるといえます。それゆえ，運転者は，歩行者を轢いてしまうようなことがないように，前方を注視して，危険を察知したら直ちにブレーキをかけるなどして結果を回避する義務があり，わき見運転をしていて歩行者を見逃したり，動揺してブレーキを踏まなかったりした場合，結果回避義務違反，すなわち過失が認定されます（ただし，歩行者が直前に道路に飛び出し

185

第3章　実践編

たようなケースでは，危険を察知できた時点でブレーキを踏んでも結果を回避できないため，過失が認められないことがあります）。

このように，理論上は，過失の認定構造は，①予見可能性の検討➡②結果回避義務違反の検討という順序であり，民事裁判の判決文においても，そのような順に記述されるのが一般的です。

(2) 現実的な事実認定の構造

しかしながら，現実の民事紛争，特に医療事故に関する民事紛争において，過失の有無を検討する際には，結果から遡る形で過失の認定を行うほうが多いと思われます（図2）。

つまり，まず，起こってしまった結果をもとに，どうすれば当該結果を回避することができたかという観点から，結果回避措置について検討し，次に，そのような措置を講ずべき義務の前提となる予見可能性について検討します。そして，いずれも認められ

【図2：過失の現実的な認定構造（医療事故）】

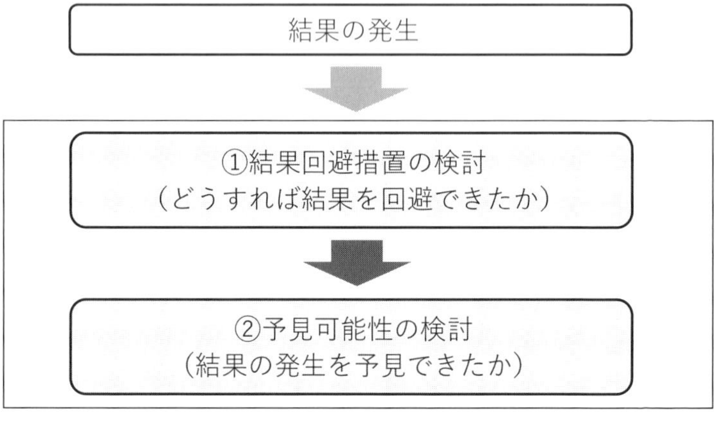

```
┌─────────────────────────────────┐
│           結果の発生            │
└─────────────────────────────────┘
                 ⬇
┌─────────────────────────────────┐
│       ①結果回避措置の検討       │
│   （どうすれば結果を回避できたか）   │
│                 ⬇               │
│       ②予見可能性の検討         │
│   （結果の発生を予見できたか）     │
└─────────────────────────────────┘
```

第10講　民事裁判における事実認定と死因究明

れば，過失があったと認定されることになります。ただし，行為者に結果回避措置を講ずべき法的義務がない場合には，結果回避義務違反とはいえないため，過失は認められません（⇨ *Column*）。

Column　結果回避措置を講ずべき法的義務がないケース

　予見可能性があり，かつ，結果回避可能性があったとしても，行為者に結果回避措置を講ずべき法的義務がない場合には，過失が認められず損害賠償責任は生じません。

　例えば，ひき逃げ事件の目撃者が，何もせずにその場を立ち去ったところ，被害者が手遅れとなって死亡したというケースを考えてみましょう。この場合，目撃者が救護活動や119番通報などの結果回避措置を講じていれば被害者の死亡という結果は回避できた可能性がありますし，また，事故の程度にもよりますが，目撃者は，被害者を放置すれば死亡するという結果を予見することができた可能性もあります。

　しかし，単なる目撃者には，道義的な責任はあるものの，被害者の救護等をすべき法的な義務まではありません。そのため，何もせずその場を立ち去ったとしても，結果回避義務違反は認められません。ちなみに，事故を起こした車両の運転者はもちろん，同乗者にも，直ちに被害者を救護し，警察へ通報すべき法律上の義務があります（道路交通法72条）。

　なお，医療事故においては，一般に，予見可能性と結果回避可能性が認められれば結果回避義務が認められますが，事案によっては，例外的に医師等が結果回避義務を負わず過失が認められないケースもあり得ます。

187

第3章　実践編

3．過失の認定の具体例①

(1) *Case14* の事例（最判平成 18 年 4 月 18 日判時 1933 号 80 頁）

　Case14 の事例では，B病院に対して使用者責任（⇨p.71）に基づく損害賠償請求等がなされていますが，使用者責任が認められるには，被用者であるC医師に不法行為責任が認められるのが前提となるため，以下，C医師の過失について説明します。

　この事案において，最高裁は，平成 3 年当時（本件事故当時）の腸管壊死に関する医学的知見を基準に，C医師は，24日午前 8 時頃までに，Aについて，腸管壊死が発生している可能性が高いと診断した上で，直ちに開腹手術を実施し，腸管に壊死部分があればこれを切除すべき注意義務があったのにこれを怠ったとして，C医師の術後管理上の過失を肯定しました。

(2) 具体的検討

　それでは，*Case14* の事例を題材に，医療事故に関する過失の有無について具体的に検討してみましょう。なお，個々の事案における具体的な救命可能性は因果関係の認定にあたって判断されるため（⇨**本講 II 2 (2)**），この段階では，抽象的な結果回避可能性（救命の余地）を前提に結果回避措置について検討します。

① 結果回避措置の検討

　まず，どうすればAの死亡という結果を回避できたかについて検討します。これには医学的知見が必要となりますが，本判決では，事件当時の医学的知見において「腸管え死の場合には，直ちに開腹手術を実施し，え死部分を切除しなければ，救命の

188

第10講　民事裁判における事実認定と死因究明

余地はな〔い〕」とされていた，と認定されています。

　したがって，「直ちに開腹手術を実施し，え死部分を切除」すれば**救命の余地**（抽象的な結果回避可能性）が認められるため，上記の措置が本件における結果回避措置の内容になります。

② 予見可能性の検討

　次に，Ｃ医師がＡの死亡という結果の発生を予見することができたかについて検討します。上記のとおり，「腸管え死の場合には」直ちに開腹手術を実施し壊死部分を切除するという結果回避措置を講じなければ救命の余地はない，というのが事故当時の医学的知見であったことから，Ｃ医師が，実際に開腹手術が行われたよりも前にＡに腸管壊死が生じていることを認識できていたのであれば，予見可能性は認められます。

　この点につき，本判決は，「腹痛が常時存在し，これが増強するとともに，高度のアシドーシスが進行し，腸閉そくの症状が顕著になり，腸管のぜん動運動を促進する薬剤を投与するなどしても改善がなければ，腸管え死の発生が高い確率で考えられていた」という当時の医学的知見を前提に，ⓐ23日夕刻頃からＡが強い腹痛を訴え，鎮痛剤投与後も腹痛が強くなったこと，ⓑ同日午前３時頃には高度のアシドーシスを示すようになり，薬剤（メイロン）を投与しても改善されなかったこと，ⓒ同日午前８時頃撮影のレントゲン写真に腸閉塞像が認められ，腸管のぜん動運動を促進する薬剤を投与しても改善されなかったことなどから，Ｃ医師は，腸管壊死が発生している可能性が高いと判断することができたとして，予見可能性を肯定しています。

189

第3章　実践編

③ 結論

　以上のように，*Case14*の事例では，結果回避措置の存在と，Ｃ医師の予見可能性が認められました。そして，Ｃ医師はＡの術後の管理を担当していた医師であり，結果回避措置を講じて結果を回避する義務（結果回避義務）が認められることから，本件では，Ｃ医師に予見可能性を前提とする結果回避義務違反，すなわち過失を認定することができます。

(3) 過失の認定における死因究明の役割

　本件では，腸管壊死という死因を前提に，Ｃ医師が講ずべき結果回避措置や，その前提となる予見可能性が認定されています。仮に，死因の特定（狭義の死因究明）がなされず，Ａの死因が不明であった場合，原告であるＡの遺族がＣ医師の過失について立証責任を負う以上，Ｃ医師の過失は認定されなかったかもしれません。

　また，カルテ等によってＡが死に至るまでの経緯（上記(2)②の@ⓐⓑⓒ等の事実）が明らかにならなければ，つまり，広義の死因究明がなされなければ，仮にＡの死因が特定できていたとしても，Ｃ医師の予見可能性が**真偽不明**（⇨p.92*Keyword*参照）となり，やはり過失の認定はなされなかったかもしれません。

　このように，死因を究明することは，過失を認定する大前提であるということができます。死因究明がなされなければ，結果回避措置も予見可能性も真偽不明となり，過失責任は問えないことになることが多く，過失の認定にとって，死因究明は極めて重要な役割を果たすことになるのです。

190

第10講　民事裁判における事実認定と死因究明

4．過失の認定の具体例②

(1) *Case15*（大阪高判平成27年11月25日判時2297号58頁）

　保育施設や病院等で，乳幼児，特に6か月未満の乳児が，うつぶせ寝の体勢で心肺停止状態となっているのを発見されるという事例がしばしば起こります。このようなケースで死因として考えられるのは，窒息死とSIDS（**乳幼児突然死症候群**）です。窒息死は，うつぶせ寝により鼻口閉塞が起こるなどして窒息し死亡するものです。これに対し，SIDSは，一般に，「それまでの健康状態および既往歴からその死亡が予測できず，しかも死亡状況調査および解剖検査によってもその原因が同定されない，原則として1歳未満の児に突然の死をもたらした症候群」と定義されます。なお，SIDSの定義や原因については様々な見解がありますが，ここでは上記の定義（厚生労働省の定義）に基づいて説明します。

(2) 乳幼児の死因と保育施設等の過失

　Case15 のようなケースでは，死因が窒息死である場合とSIDSである場合とで，保育施設側の過失の認定が大きく異なります。

① 死因が窒息死である場合

　死因が鼻口閉塞による窒息死である場合，結果回避措置は，鼻口閉塞を避けるための措置，すなわち，乳児をうつぶせ寝をさせないことや，うつぶせ寝をさせたとしても長時間放置せず，こまめに乳児の状態を確認し，鼻口閉塞が起こるおそれがあれば体勢を変えることが考えられます。

　そして，近年では，乳幼児はうつぶせ寝の体勢により窒息死

第3章　実践編

する危険があることが，広く認識されています（後述の本判決の判旨参照）。そのため，少なくとも本件のようなケースでは，死因が窒息死であれば，予見可能性は十分に認められます。

　したがって，死因が鼻口閉塞による窒息死である場合，保育施設側に，乳幼児が窒息死しないよう睡眠時も観察を怠らずに適宜乳児の体勢を変えるなどの措置を講ずる義務があるのにそれを怠った，という過失が認められる可能性が高いといえます。

② 死因がSIDSである場合

　これに対し，死因がSIDSである場合，前述のように，SIDSは原因不明の突然死と定義されていることから，死の原因（死因）が不明である以上，どのような措置を講ずれば乳児の死という結果を回避することができたのかも不明ということになります。

　そして，結果回避措置が特定できない以上，予見可能性について検討するまでもなく結果回避義務違反は認められません。反対に，理論的な認定構造に従えば，原因不明の死を予見することはできない以上，予見可能性を前提とする特定の結果回避義務違反を認めることはできないことになります。

(3) 具体的事例における過失の認定

　以上のように，うつぶせ寝の体勢での乳児の急死事故において，死因が窒息死であるかSIDSであるかは，保育施設側の過失を認定する上で非常に重要な意味を持ちます。

　しかしながら，現実には窒息死とSIDSの判別は非常に困難です。例えば，*Case15* の事例においては，司法解剖を行った医師（窒息死かSIDSかを特定することができないと鑑定），原告が提出した

192

第10講　民事裁判における事実認定と死因究明

鑑定書を作成した医師（死因は急性窒息であると鑑定），被告が提出した意見書を提出した医師（死因はSIDSと考えるのが妥当であると鑑定）という法医学者3名が，Dの死因について，それぞれ異なる見解を示しています。

このように専門家の意見が異なる中，原判決（大阪地判平成26年9月24日判例集未搭載）は，本件事故当時，Dは，ベビーベッドに敷かれたマットレスによって鼻口部が閉塞される状態ではなく，ベビーベッド上で窒息死するような状況にはなかったとして，Dの死因をSIDSと認定し，保育従事者らの過失を否定しました。

これに対し，本判決は，ⓐ発見時のDの体勢がうつ伏せであったこと，ⓑDが寝ていたベビーベッドのマットレスは，Dの頭部・顔面を置くと約2.5cmの凹みが生じるものであったこと，ⓒDの鼻や口から出た血液混じりの分泌液の染みが三重構造のマットレスの三層目にまで大きく染み込んでいたことなどから，Dはフェイスダウン（柔らかな寝具の上にうつ伏せで顔面を真下にした状態）の状態であったと認定した上で，ⓓDは生後4か月であり，うつ伏せ寝の体勢により鼻口部が閉塞されて低酸素状態になるまでの間に顔面を横にするなどの危険回避行動を取ることができるほどの学習能力がなかったことなどから，Dの死因をうつ伏せ寝の体勢での鼻口閉塞による窒息死であると認定しました。

そして，乳幼児は，うつ伏せ寝の体位により窒息死する危険があることから，保育従事者は，就寝中の乳幼児をうつ伏せ寝の体位のまま放置することなく，常に監視し，うつ伏せ寝の体位であることを発見したときは，仰向けに戻さなければならない注意義務があるのに，本件保育施設の保育従事者らはDをうつ伏せ寝の

193

第3章　実践編

体勢のまま放置し，鼻口閉塞により窒息死させたといえるとして，保育従事者らの過失を認定しました。

(4) SIDSの認定

　本判決は，上記のとおり，Ｄの死因は窒息死であると認定しましたが，Ｄの死因はSIDSである旨の被告側の主張を排斥するにあたり，以下のように判示している点が注目されます。

> ### 大阪高判平成27年11月25日判時2297号58頁
> 「SIDSを検討する前提として，外因死の可能性が否定されていることが必要であること，外因死との鑑別診断にあたり，死体解剖所見だけでなく，病歴や死亡状況調査の結果を併せ考慮し，両者において特に不審な点が見出せない場合にSIDSと判断することになることからすれば，Ｄの死亡状況に照らし，鼻口閉塞による窒息死であると認定できる本件においては，Ｄの死因がSIDSであるとはいえない。」

　本判決のいうように，解剖所見だけから死因をSIDSと判断することは，「解剖所見では死因が特定できない」という事実のみから死因がSIDSであると特定することを意味し，絶対に避けなければなりません。本事例の解剖医は，窒息死かSIDSかを特定することができないことを理由に「最終的な死因は不明」としていますが，仮に解剖医が「解剖により死因が特定できないからSIDSである」と判断していたら，本判決の結論も異なっていた可能性があります。解剖医が発見時の状況を踏まえて，「最終的な死因は不明」したことが，大きな意味を持っていたということができます。

第10講　民事裁判における事実認定と死因究明

Ⅱ　民事裁判における因果関係の認定

　因果関係の認定に関して取り上げる事案は以下の2つです。

Case16　誤診後に患者が死亡した事例①

　Fは，急性の腹痛でY病院を訪れたところ，診察を担当したZ医師は，問診や触診の結果，急性胃腸炎と診断し，Fを入院させて痛み止めの注射や輸液を行ったが，実はFは子宮外妊娠をしており，診察の2日後，腹腔内出血を起こし死亡した。

Case17　誤診後に患者が死亡した事例②

　Gは，自転車を運転中にHの運転する自動車と接触する交通事故に遭い，I医師の経営する個人病院に救急搬送されたが，診察を担当したI医師は，軽微な事故であると考え，傷の消毒や抗生物質の処方をしただけで，Gを帰宅させた。その後，Gは自宅で就寝中にけいれん等の症状を起こしたため，家族が119番通報し，救急搬送されたが，搬送先の病院で死亡した。

第3章　実践編

1．不法行為責任と因果関係

　民事事件における因果関係の認定について説明する前提として，因果関係の意味とその立証の程度について，簡単にまとめます。

　まず，因果関係とは，一般に，加害行為と損害発生との間に「あれなければ，これなし」という関係が認められ（条件関係），かつ，発生した損害の原因を加害行為に帰することが法的にみて相当であると評価できること（相当因果関係）を意味します。

　次に，因果関係の立証に関する重要な概念として**高度の蓋然性**（⇨第4講Ⅱ3）があり，実務上，概ね80％以上のことを意味するものと考えられています。なお，80％まで達しない場合でも，例えば60％の可能性があれば損害額の60％の賠償を認める考え方を割合的因果関係または確率心証論と呼びますが，わが国の民事裁判では，このような考え方は採用されていません。

2．医療事故における因果関係の認定

　それでは，*Case16*と*Case17*の事例を用いて医療事故における因果関係の有無について具体的に検討してみましょう。

(1) *Case16*の事例における因果関係の認定
① 異なる死因が考えられるケース

　事例の事実関係だけでは因果関係の有無を判断できないため，ここでは，一般的な水準の医師であればFの症状などから子宮外妊娠を疑うことができ，また，Y病院で実施可能な妊娠反応

第10講　民事裁判における事実認定と死因究明

検査やエコー検査などを行えば容易に子宮外妊娠が判明し，かつ，緊急手術が実施されていればFの命は救われた，という前提で，Z医師には，子宮外妊娠を疑い必要な検査を行う義務があったのにこれを怠った，という過失があることとします。

　それを前提に検討すると，まず，Fの死因が**子宮外妊娠破裂による腹腔内出血である場合**，Z医師がFの子宮外妊娠を疑えば，妊娠反応検査やエコー検査などを行うことで容易にFの子宮外妊娠が判明したといえます。そうすると，仮にY病院では手術ができなかったとしても，他の病院に緊急搬送すればFが死亡する前に緊急手術を行って子宮外妊娠破裂を防ぐことができたと考えられます。そうすると，Z医師が子宮外妊娠を見逃した過失とFの死亡との間には条件関係も相当因果関係も認められ，すなわち因果関係が肯定されます。

　これに対し，Fが**子宮外妊娠とは無関係の動脈瘤破裂を起こし，その結果腹腔内出血により死亡した可能性が否定できない場合**，Z医師の過失とFの死亡との間に因果関係が認められないこともあり得ます。もちろん，このような場合でも，その可能性が理論的・抽象的な可能性にとどまるのであれば因果関係は否定されませんが，解剖の結果などから子宮外妊娠破裂以外の原因で腹腔内出血が生じた具体的な可能性が一定程度認められる場合，Fの死という結果がZ医師の過失によって発生した高度の蓋然性を認めることができず，因果関係は否定されます。

　このように，被害者の直接の死因（上記の事例では腹腔内出血）だけでなく，その原因（上記の事例では子宮外妊娠破裂）まで明らかになることによって，因果関係の有無に関する判断

197

第3章　実践編

が変わる可能性があり，死因究明が民事裁判における因果関係の認定にも重要な意味を有しているといえます。

②被害者の救命可能性が問題となるケース

　上記①のケースでは，緊急手術が実施されていればFの命は救われたという前提で説明をしました。しかし，事案によっては，Fに何らかの既往症があり手術ができないことや，手術をしても成功しない可能性が高いことがあります。このような場合，Z医師の過失がなかったとしても，Fの死という結果を回避することはできないため，因果関係が否定されます。

　このようなケースでは，Z医師の過失がなければ，つまり，Z医師が医療水準に従って検査等を適切に実施しFの子宮外妊娠が判明していれば，Fが死亡しなかった可能性（**救命可能性**）について，高度の蓋然性の有無を検討することになります。例えば，FがY病院を訪れてから子宮外妊娠破裂により死亡するまでの時間が短く，緊急手術を実施するための時間がなかった場合や，Fに既往症があり手術を実施することが困難であった場合には，Fが死亡しなかった高度の蓋然性は認められず，因果関係は否定されます。これに対し，抽象的に手術しても助からなかった可能性があるという程度であれば，それだけで因果関係が否定されることはありません。

　したがって，上記のようなケースでは，死因究明により，腹腔内出血が起こった時間などを解明し，どの時点で手術を行っていればFの救命可能性があったのかについても明らかにすることが，因果関係の認定にあたり重要な意味を持ちます。

198

第10講　民事裁判における事実認定と死因究明

(2) *Case17*の事例における因果関係の認定

　*Case17*の事例では，Hには自動車運転手として遵守すべき注意義務を怠った過失が，Iには医師として適切な診療行為を行うべき注意義務を怠った過失が認定されており，それぞれの過失とGの死亡との間の因果関係が問題となります。

裁判所の認定したI医師の過失

「交通事故により頭部に強い衝撃を受けている可能性のあるGの診療に当たったI医師は，外見上の傷害の程度にかかわらず，当該患者ないしその看護者に対し，病院内にとどめて経過観察をするか，仮にやむを得ず帰宅させるにしても，事故後に意識が清明であってもその後硬膜外血しゅの発生に至る脳出血の進行が発生することがあること及びその典型的な前記症状を具体的に説明し，事故後少なくとも6時間以上は慎重な経過観察と，前記症状の疑いが発見されたときには直ちに医師の診察を受ける必要があること等を教示，指導すべき義務が存したのであって，I医師にはこれを懈怠した過失がある。」

　この点につき，東京高判平成10年4月28日判時1652号75頁（*Case17*の事例の控訴審判決）は，本件のようなケースでは，各加害行為の寄与度に応じて被害額を案分し，各不法行為者が責任を負う損害賠償額を分別して認定するのが相当であると判示した上で，本件交通事故と本件医療事故の寄与度をそれぞれ5割と認定しました。しかし，最高裁は，上記の考え方を否定し，HおよびIは，Gの損害の全部について連帯して賠償責任を負うと判示しています。

199

第3章　実践編

最判平成13年３月13日民集55巻２号328頁

「本件交通事故により，Ｇは放置すれば死亡するに至る傷害を
負ったものの，事故後搬入された病院において，Ｇに対し通常
期待されるべき適切な経過観察がされるなどして脳内出血が早
期に発見され適切な治療が施されていれば，高度の蓋然性をも
ってＧを救命できたということができるから，本件交通事故と
本件医療事故とのいずれもが，Ｇの死亡という不可分の一個の
結果を招来し，この結果について相当因果関係を有する関係に
ある。したがって，本件交通事故における運転行為と本件医療
事故における医療行為とは民法719条所定の共同不法行為に当
たるから，各不法行為者は被害者の被った損害の全額について
連帯して責任を負うべきものである。本件のようにそれぞれ独
立して成立する複数の不法行為が順次競合した共同不法行為に
おいても……，被害者との関係においては，各不法行為者の結
果発生に対する寄与の割合をもって被害者の被った損害の額を
案分し，各不法行為者において責任を負うべき損害額を限定す
ることは許されないと解するのが相当である。けだし，共同不
法行為によって被害者の被った損害は，各不法行為者の行為の
いずれとの関係でも相当因果関係に立つものとして，各不法行
為者はその全額を負担すべきものであり，各不法行為者が賠償
すべき損害額を案分，限定することは連帯関係を免除すること
となり，共同不法行為者のいずれからも全額の損害賠償を受け
られるとしている民法719条の明文に反し，これにより被害者
保護を図る同条の趣旨を没却することとなり，損害の負担につ
いて公平の理念に反することとなるからである。」

第10講　民事裁判における事実認定と死因究明

(3) 過失の競合と因果関係

　本事例において，最高裁は，本件交通事故における運転行為（Hの過失行為）と本件医療事故における医療行為（Iの過失行為）に共同不法行為が成立し，HとIは，Gに生じた損害の全額について連帯して賠償責任を負う，と判示しました。

参照条文

民法719条1項　数人が共同の不法行為によって他人に損害を加えたときは，各自が連帯してその損害を賠償する責任を負う。共同行為者のうちいずれの者がその損害を加えたかを知ることができないときも，同様とする。

　本判決は，本件交通事故と本件医療事故とのいずれもが，Gの死亡という結果について因果関係を有すると認定していますが，この前提には，「本件交通事故により，Gは放置すれば死亡するに至る傷害を負ったものの，事故後搬入された……病院において，Gに対し通常期待されるべき適切な経過観察がされるなどして脳内出血が早期に発見され適切な治療が施されていれば，高度の蓋然性をもってGを救命できたということができる」という事実認定が前提となっています。

　これに対し，例えば，交通事故による傷害は死に至るようなものでなかったが，搬送先の医師が誤った投薬をして被害者を死亡させた場合，交通事故と被害者の死の間には，条件関係は認められるものの，相当因果関係は認められません。したがって，そのようなケースでは，医療事故を起こした医師のみが損害賠償責任を負うことになります。

第3章　実践編

3．因果関係が認定できない場合の救済の可否

(1) 問題の所在

　これまで述べてきたように，患者が死亡した医療事故においては，医師の過失がなければ高度の蓋然性（概ね80%）をもって当該患者を救命することができたことが立証されなければ，相当因果関係が認められず，医師の不法行為は成立しません。

　しかしながら，例えば，医師の過失が認定されたにも関わらず，救命可能性が70%程度しか認められないからといって，医師が一切の損害賠償責任を負わないのは，不合理であるように思われます。そこで，このような場合に，適切な治療を受ける権利（期待権）の侵害などを理由に，不法行為責任が認められないかということが議論されるようになりました。

(2) 「相当程度の可能性」の侵害による損害賠償責任

　上記のようなケースで，「**医療水準にかなった医療が行われていたならば患者がその死亡の時点においてなお生存していた相当程度の可能性**」の侵害を理由に不法行為の成立を認めたのが，最判平成12年9月22日民集54巻7号2574頁です（⇨p.104）。

　ただし，最高裁は，因果関係について「相当程度の可能性」の立証で足りると判示したわけでなく，患者が死亡時点で生存していた「相当程度の可能性」が侵害されたことについて不法行為が成立する，と判示していることに注意が必要です。そのため，「相当程度の可能性」が侵害されたことによる精神的損害（慰謝料）の賠償のみが認められ，死亡による逸失利益等は認められません。

202

第10講　民事裁判における事実認定と死因究明

本講のポイント

● 過失の認定は，論理的には予見可能性→結果回避義務違反
　の順に検討する構造となっているが，現実の医療訴訟で
　は，結果から結果回避措置を特定した上で，その前提とな
　る予見可能性について検討している。

● 被害者の死因や救命可能性が不明の場合，高度の蓋然性の
　立証ができず，損害賠償請求が棄却されることがある。

● 過失の有無の判断にあたっては，死因の特定（狭義の死
　因）だけでなく，死に至る経緯の解明（広義の死因究明）
　が重要な役割を果たす場合がある。

● 死因究明によって，被害者の直接の死因だけでなく，その
　原因を明らかにすることが，民事裁判における因果関係の
　認定に重要な意味を持つことがある。

● 因果関係が認定できない場合でも，過失行為がなければ被
　害者が死亡時点においてなお生存していた相当程度の可能
　性が認められれば，精神的損害（慰謝料）について賠償が
　認められることがある。

〔主な参考文献〕

• 厚生労働省 SIDS 研究班「乳幼児突然死症候群（SIDS）診断ガ
　イドライン（第2版)」2012年

第3章　実践編

第11講

民事裁判における立証活動と死因究明

はじめに

　第11講では，これまで学んできた民法や民事訴訟法の知識を前提に，実際の民事裁判でどのような立証活動を行うかを学びます。

　人の死が関わる事件について不法行為の成否が争われる民事裁判では，当事者の主張や立証に基づき，事実認定がなされ，最終的に不法行為責任の成否が判断されます。本講では，具体的な事案を題材に，民事裁判における立証活動について説明します。

　本講の主な目標は，以下の3つです。

本講の目標

① 民事裁判における鑑定の意義や手続について知る。

② 民事裁判における証人尋問の意義や手続について知る。

③ 民事裁判において死因究明が果たす役割について知る。

第11講　民事裁判における立証活動と死因究明

> ### *Case18*　*Case7*の被害者遺族が民事裁判で争った事例
>
> 　患者Mが，N病院で診療中に死亡したことにつき，Mの遺族
> Oが，N病院に対し，約6,600万円の支払いを求めて損害賠償請
> 求訴訟を提起した（事実の詳細につき，⇨第5講*Case7*）。
>
> 　民事訴訟では，過失の有無を判断する前提として，Mの死因
> が争点となった。遺族Oは，Mの死因につき，不安定型狭心症
> から切迫性急性心筋梗塞に至り心不全を来したことにあると主
> 張したが，N病院は，Mの死因としては，心筋梗塞，解離性大
> 動脈瘤，胸部大動脈瘤，脳出血（とりわけ高血圧性脳出血）が
> 考えられるが，特定はできないと主張した。

I　民事裁判における立証活動

　これまで学んできたように，人の死が関わる民事紛争において
は，過失の有無や因果関係の有無が争点となることが多く，それ
ぞれの判断にあたり，死因究明が重要な役割を果たします。

　例えば，過失の認定にあたっては，その前提として死因の特定
が必要になります。死因が不明であれば，死という結果を回避す
る措置や，予見可能性の「予見」の対象も不明ということになる
からです。また，因果関係の認定にあたっても，死因究明が重要
な役割を果たします。因果関係は，具体的な死亡結果や救命可能
性との関係で問題になるからです。

205

第3章　実践編

　民事裁判において，当事者に争いがある場合，裁判所は，当事者の立証に基づき事実を認定して，当事者の請求に理由があるか否かを判断します。したがって，民事裁判においても，死因究明に関する鑑定や証人尋問が重要なポイントとなります。

1．鑑定

(1) 鑑定とは何か

① 鑑定の意義

　鑑定とは，専門的な知識や経験（学識経験）を有する鑑定人が述べる意見を証拠資料とする証拠調べのことをいいます。

　鑑定人には，鑑定に必要な学識経験を有する者が選任され，複数の鑑定人が指定されることもあります。ただし，一定の利害関係がある者は鑑定人となることができません（民事訴訟法212条2項）。なお，鑑定に必要な学識経験を有する者には，**鑑定義務**があります（同条1項）。

　医療事故に関する民事裁判（民事医療訴訟）においては，大学附属病院等から候補者の推薦を受け，鑑定人が指定されます。

② 鑑定の事前手続

　鑑定を実施するかどうかは，当事者の申出を受けて，裁判所が決定します。民事医療訴訟においては，通常，証人尋問や当事者尋問をした後に鑑定申請が行われます。

　鑑定の申出をするときは，鑑定事項を記載した書面を提出しなければなりません（民事訴訟規則129条1項）。相手方も，鑑

第11講　民事裁判における立証活動と死因究明

定事項について意見を述べることができます（同条3項）。

　裁判所は，当事者の意見を踏まえて鑑定事項を決定し，鑑定事項を記載した書面を鑑定人に送付します（同条4項）。

③ 鑑定の手続

　鑑定の手続は，呼出し，宣誓，鑑定事項の告知，鑑定意見の報告という順で行われます。鑑定意見の報告は，書面または口頭で行われます（民事訴訟法215条）。鑑定人が鑑定意見を書面で報告する場合の書面を鑑定書といいます。

　鑑定意見の報告が口頭で行われるときは，まず，鑑定人が鑑定事項についての意見を陳述し，次いで，裁判長，鑑定申出当事者，相手方当事者の順で，鑑定人に対し質問をします（同法215条の2）。鑑定人に対する質問事項は，鑑定人の意見の内容を明瞭にし，またその根拠を確認するために必要な事項に限定されます（民事訴訟規則132条の4）。

(2) 民事医療訴訟における鑑定

専門家の医学的知見を訴訟に適切に反映させるためには，鑑定事項を適切に設定することが重要になります。

① 判断の基準時について

　過失の有無は，鑑定時の医療水準ではなく，**行為当時の医療水準**に照らして判断されます。これに対し，**死因**の特定や**因果関係**の有無は，**鑑定時の知見**を用いて判断されます。このように鑑定事項によって裁判所の判断の基準時が異なることから，鑑定事項を設定する際には，鑑定人が判断の基準時を誤解する

207

第3章　実践編

ことのないよう留意する必要があります。

　また，医師の不作為（適切な医療行為をしなかったこと）と結果との間の因果関係が争点となる事案などでは，統計資料や医学的知見に関する資料等が重要になるため，これらの資料を用いて鑑定することや鑑定報告の際にこれらの資料を提示することを，鑑定事項として求めておくことが有益です。

② 救命可能性・延命可能性について

　最高裁は，因果関係が証明されない場合であっても，「医療水準にかなった医療が行われていたならば患者がその死亡の時点においてなお生存していた相当程度の可能性」の存在が認められるときは，不法行為に基づく精神的損害（慰謝料）の賠償を認めているため，患者が死亡したケースでは，救命の可能性や延命の可能性が問題になることがあります。

　このような場合，医療水準にかなった医療が行われていた場合の救命可能性や延命可能性についても，鑑定事項に記載しておく必要があります。

③ 死因について

　死因についての解剖所見がない場合，死因を特定するのが困難になることがあります。また，後述する事案のように，被害者が病院に搬送されてから短時間で死亡したケースでは，検査結果や臨床状況に関する資料が少なく，死亡に至る機序（メカニズム）の認定が困難になります。

　そこで，このようなケースでは，死亡に至る機序を認定するための鑑定事項を記載することが重要になります。

第11講　民事裁判における立証活動と死因究明

2．証人尋問

(1) 証人尋問とは何か

① 証人尋問の意義

　証人尋問とは，証人が直接経験した事実等に関する証言を証拠資料とする証拠調べのことをいいます。

　証人となることができる者は，当事者以外の第三者に限られます。証人は，過去に自身が経験した事実等について陳述するため，鑑定人と異なり，専門的な知識や経験は求められません。なお，わが国の裁判権に服する者は，原則として**証人義務**（出頭義務，宣誓義務，供述義務）を負います（民事訴訟法190条）。

　証人は，一定の場合には証言を拒絶することができ，例えば，証人または一定の近親者が刑事上の訴追または有罪判決を受けるおそれがある事項に関しては，証言を拒絶することができます（同法196条）。また，医師や弁護士等が職務上知り得た秘密に関する事項については，患者や依頼人など本人が黙秘義務を免除しない限り，証言を拒絶することができます（同法197条）。

② 証人尋問の申出（人証申請）について

　証人尋問の申出は，証明すべき事実を特定してしなければなりません（民事訴訟法180条1項）。また，証人尋問の申出は，証人を指定し，尋問見込時間を明らかにしたうえで，個別具体的に記載された尋問事項書を提出してしなければなりません（民事訴訟規則106条，107条1項，同条2項）。当事者の申出を受けて裁判所が決定するのは，鑑定と同様です。

209

第3章　実践編

③ 証人尋問の手続

　証人尋問の手続は，裁判所が期日に証人を呼び出したうえで，裁判長が人定質問を行い，宣誓の趣旨を説明し，偽証の警告をした上で，宣誓書を朗読させ，これに署名押印させる方法で宣誓を行います（民事訴訟規則112条）。

　証人尋問は，まず，尋問を申し立てた側の当事者が**主尋問**を行い，次に，相手方当事者が**反対尋問**を行い，最後に裁判官が**補充尋問**を行うという順で実施されるのが一般的です。このようなやり方を**交互尋問**といいます。

　なお，証人は，証人尋問期日前に，証言する内容を記載した陳述書を作成し，裁判所に提出するのが実務上の慣行です。この陳述書は，法的には書証となりますが，争点を整理する機能や，主尋問の内容を相手方に開示する機能も有しています。

(2) 民事医療訴訟における証人尋問

　民事医療訴訟において，死因や過失，因果関係が争点となるケースでは，鑑定に先立ち，医師等の証人尋問が行われるのが通例です。後述する*Case18*のもととなった事案においても，被告病院の医師の証人尋問のほか，遺族側が請求した医学専門家の証人尋問が行われています。

① 患者の診察や診療を担当した医師の証人尋問

　患者の診察や診療を担当した医師の証人尋問は，被告側の申出により実施されるケースが典型ですが，被害者が医療事故発生後に別の病院で診察等を受けていたような場合は，当該病院の医師の証人尋問が原告の申出により行われることもあります。

210

第11講　民事裁判における立証活動と死因究明

　患者を診察した医師の証言は，被害の発生に至る機序を明らかにするために極めて重要ですし，死因の特定や過失・因果関係の認定をする上でも重要な意味を持つことから，民事医療訴訟においては，患者を担当した医師の証人尋問（当該医師が被告になっている場合には当事者尋問）が行われるのが一般的です。

　被告側の医師は，第三者というより当事者の立場に近いため，証言の信用性について慎重に吟味する必要があります。場合によっては，証言の信用性を判断するため，証言内容を裏付ける医学文献等の提出を求める必要があります。

② 患者の診察や診療を担当していない医師の証人尋問

　患者の診察や診療を担当していない医師の証人尋問としては，当事者から求められて医学専門家として意見書を提出した医師について実施されるケースが典型です。

　当事者が自らの主張を裏付けるために医学専門家の意見書を提出した場合，この意見書は，学識経験者が作成した点で鑑定書に近い性質を有していますが，裁判所が選任した鑑定人が法令の定める手続に従って実施する鑑定と異なり，専門性の担保や前提事実の確認がなされていないため，作成者に直接質問をして信用性について慎重に判断する必要があります。また，相手方当事者に反対尋問の機会を保障する必要もあることから，重要な意見書については，作成者の証人尋問が行われるのが通例です。

　作成者としては，証人尋問に先立ち，意見書に，自らの経歴

211

第3章　実践編

や，専門，臨床経験，意見の参考にした医学文献，前提とした事実関係等を記載するとともに，必要に応じて，当該意見を裏付ける医学文献を添付する必要があります。

3．証拠の評価と自由心証主義

鑑定や証人尋問は民事裁判において実施される証拠調べにすぎず，裁判所が鑑定結果や証言内容に拘束されることはありません。裁判所は，判決をするにあたり，口頭弁論の全趣旨及び証拠調べの結果をしん酌して，自由な心証により，事実認定を行います（民事訴訟法247条）。これを**自由心証主義**といいます。

自由心証主義の下では，証拠方法は限定されず，裁判官は，適法に行われた証拠調べによって得られた証拠資料の全てをしん酌することができます。また，裁判官は，当事者の陳述内容や証人の証言態度など審理に顕れた一切の状況をしん酌することができます。

さらに，いかなる証拠にどの程度の証拠価値を認めるかについても，裁判官の判断に委ねられます。これを**証拠力の自由評価**といいます。もっとも，これは裁判官の恣意的な判断を認めるものではなく，論理法則（一般的かつ基本的な法則）や経験則（日常の経験から帰納される事物の因果や状態について知識や法則）に反する判断をすることは許されません。

以下，これらの基礎知識をもとに，民事医療訴訟の具体的事案において，どのような立証活動が行われ，裁判官がどのような判断をしたのかについて見ていきます。

第11講　民事裁判における立証活動と死因究明

II　民事医療訴訟の具体的事例

1．ある民事医療訴訟（*Case18* の事例）

　第5講において，*Case 7*（および*Case18*）のもととなった実際の民事医療訴訟を題材に，民事裁判の流れや民事訴訟法の基本事項を説明しましたが，当該事案では，被害者の死因が大きな争点となり，当事者の主張だけでなく，医学専門家の意見が相反し，裁判所の判断も，第一審と控訴審とで異なる結果となりました。

　ここからは，上記の事案を題材に，民事医療訴訟における立証活動（鑑定）の結果と裁判所の判断について説明します。

(1) 死因を認定するための証拠

　民事裁判において，裁判所は，当事者間に争いのある事実を認定する際は，原則として当事者が申し出た証拠によらなければなりません（弁論主義の第3原則。⇨**第5講 II 2 (3)**）。被害者の死因を認定するための証拠としては，鑑定意見や専門家の証言のほか，解剖所見や意見書，各種の検査資料（心電図検査，X線写真，CT画像，MRI画像等），カルテ等の診療記録などが考えられます。

　本事案では，第一審において，医学専門家2名（T，U）による鑑定と医学専門家Vの証人尋問が実施されたほか，医学専門家Wの意見書が提出されました。また，控訴審において，原告の申出により医学専門家Wの証人尋問が行われています。なお，本件では，Mの解剖は実施されていないため，解剖所見は存在しません。

213

第3章　実践編

(2) 鑑定意見の要旨

① 鑑定人Ｔ

　鑑定人Ｔは，死亡約1か月前に撮影されたＭの胸部Ｘ線写真と死亡当日のＸ線写真を対比し，Ｍの心胸比が46パーセントから62パーセントに明らかに拡大していること等から，まず，後壁心筋梗塞が起こり，引き続いて広汎な梗塞が起こり，急速に心不全となって，心原性ショック状態に陥ったと判断しました。

　その上で，鑑定人Ｔは，解離性大動脈瘤は，本件のように電撃的経過で心不全に至り，チアノーゼを呈して心肺停止するという経過をたどるものではなく，また，胸部Ｘ線写真における上縦隔陰影の幅から見て解離性大動脈破裂は考えにくく，過去の写真上も動脈瘤は指摘し得ない，との鑑定意見を述べました。

② 鑑定人Ｕの鑑定意見

　これに対し，鑑定人Ｕは，Ｍの主たる症状が背部痛であったこと，痛みが心窩部にも移転または拡大したこと，心窩部痛が自発痛ではなく圧痛であったことは，いずれも急性心筋梗塞の症状としては稀であり，また，急激に死に至るような急性心筋梗塞では，梗塞の範囲が広範であるか，致死的不整脈を伴うのが普通であるところ，前者では，発症直後よりショック状態あるいは心不全状態に陥るのが普通で，本件のように自動車を運転したり，病院到着後歩いたりすることは不可能であり，後者では，動悸，めまい，失神等の発作が出現しやすいが，本件ではそのような症状が急変まで認められないとして，臨床的に通常見られる症状から確率論的に考察した場合，Ｍの死因を積極

214

第11講　民事裁判における立証活動と死因究明

的に心筋梗塞とすることは困難であると判断しました。

　そして，鑑定人Uは，本件では，判断の資料となる医学的デ
ータが極めて限られるため死因を明確に特定することは困難で
あると断った上で，Mの死因として最も考えられるのは，下行
大動脈を中心とする解離が進行して大動脈が破裂したことであ
るとし，その理由として，疼痛が背部痛から始まって拡大し，
心窩部に拡大又は移動したこと，昭和59年頃から胸部レントゲ
ン写真に大動脈弓の突出が認められており，大動脈解離の主要
な原因である大動脈硬化が進展していた可能性が高いこと，急
変時の症状は大動脈の破裂であり，また，集中治療室における
腹部膨満は大動脈から腹腔内への大出血であると説明できる，
との鑑定意見を述べました。

2．裁判所による死因の認定

　上記のとおり，本事案においては，被害者の死因について鑑定
人2名の鑑定意見が分かれましたが，裁判所の判断も，第一審判
決と控訴審判決とで異なることとなりました。

(1) 第一審判決（東京地判平成7年4月28日民集54巻7号2598頁）

　第一審判決は，Mが心筋梗塞であった可能性を否定することは
できないとしつつ，鑑定人Uの鑑定結果を重視し，Mの症状は，
大動脈解離の自覚症状としては典型的とはいえないものの，Mが
大動脈解離であった可能性を否定することもできないと判示しま
した。そして，第一審判決は，客観的見地からMの死因が急性心

第3章　実践編

筋梗塞か大動脈解離かを確定することはできない以上，Mの死因が心筋梗塞であると認定することはできないと判示したのです。

　つまり，第一審判決は，Mの死因が急性心筋梗塞であった可能性は否定できないものの，大動脈解離の可能性も否定できないことから，死因の特定には至らなかったと判断したことになります。

(2) 控訴審判決（東京高判平成8年9月26日民集54巻7号2611頁）

　控訴審判決は，まず，Mの解剖が実施されていないため，その死因については病歴や事実経過等から推察せざるを得ないと断った上で，Mの死因に関する医学専門家の意見を比較検討しました。

控訴審判決の判断

「〔医学専門家〕の各意見（……鑑定人Uの意見を除く。）を総合すれば，Mの死因としては，不安定型狭心症から切迫性急性心筋梗塞に至り，心不全を来したことにあると認めるのが相当である。……鑑定人Uは，Mの病態を急性心筋梗塞と判断することは困難であるとしているが，その理由として挙げる諸点（痛みの発生場所，その移動ないし拡大，自動車の運転及び歩行）は，必ずしも急性心筋梗塞を否定する根拠となるものではなく，かえって同鑑定人がいうように大動脈解離の可能性があるとすると，Mの現実の病態に合わない点（上行大動脈解離にしては痛みの程度が軽く，寛解もしていること，下行大動脈解離にしては痛みの発生位置が高く，かつ，急激な転機を経ていること）もあることが前掲の他の医学専門家によって指摘されていることに照らして，採用し難い」

第11講　民事裁判における立証活動と死因究明

　本事案においては，解剖が実施されておらず，死因の認定は非常に困難であったと考えられます。しかしながら，控訴審判決は，複数の医学専門家の意見を比較検討した上で，病歴や事実経過等をも踏まえて，Ｍの死因が急性心筋梗塞であると認定したのです。

(3) 死因以外の事項についての控訴審および上告審の判断

　最後に，Ｍの死因以外についての控訴審判決および最高裁の判断について説明します。

　まず，Ｍの救命可能性につき，控訴審判決は，認定された死因（急性心筋梗塞）を前提に，Ｍの発症が急激であったこと，狭心症と診断してから心電図等の措置をとるまでには10分程度の時間を要すること，Ｎ病院には集中治療室が設置されていたが，CCUと評価し得る組織であったとは認められないこと，わが国の救急病院の実情から見て，早期の時間帯に，蘇生を必要とする10分ないし25分の間に救命可能性のある治療を高い水準で施行することを求めるのは現実的に困難であることなどからすると，適切な治療をすればＭを救命することが可能であったと認めることはできないと判示しました。そして，上告審判決（最判平成12年9月22日民集54巻7号2574頁）もこの判断を是認し，本件では医師の過失と被害者の死亡との間の因果関係は認められず確定しました。

　もっとも，本件において，最高裁は，「医療水準にかなった医療が行われていたならば患者がその死亡の時点においてなお生存していた相当程度の可能性」があったと認定し，Ｐ医師の過失によって上記可能性が侵害されたとして，Ｎ病院に対し精神的損害（慰謝料）の賠償を命じています（⇨**第5講Ⅲ6(2)**）。

第3章 実践編

本講のポイント

● 民事医療訴訟において，被害者の死因や過失，因果関係が
争点となるケースでは，医師等の医学専門家の鑑定や証人
尋問が実施されることが多い。

● 民事医療訴訟における鑑定では，判断の基準時（過失につ
いては行為時，死因や因果関係については鑑定時）を意識
した鑑定事項を設定することが重要である。

● 民事医療訴訟における死因や過失，因果関係の認定にあた
っては，鑑定や証人尋問，意見書等による医学専門家の意
見が重要な役割を果たす。

〔主な参考文献〕

• 兼子一(原著)=松浦馨=新堂幸司=竹下守夫=高橋宏志=加藤新
太郎=上原敏夫=高田裕成『条解民事訴訟法〔第2版〕』(弘文
堂，2011年)

• 裁判所職員総合研修所監修『民事訴訟法講義案〔3訂版〕』(司
法協会，2016年)

• 髙橋譲編著『医療訴訟の実務〔第2版〕』(商事法務，2019年)

＜編者紹介＞

田中 良弘　（たなか　よしひろ）

　一橋大学教授・弁護士。博士（法学）。専門は行政法。検事，一橋大学特任准教授，新潟大学教授，立命館大学教授等を経て，2024年4月より現職。

宮森 征司　（みやもり　せいじ）

　新潟大学准教授。博士（法学）。専門は行政法。一橋大学特任講師（ジュニアフェロー），長野県立大学助教等を経て，2021年4月より現職。

高塚 尚和　（たかつか　ひさかず）

　新潟大学教授。博士（医学）。専門は法医学。新潟大学准教授等を経て，2015年4月より現職（2017年より死因究明教育センター長を兼任）。

信山社ブックレット

テキストブック
法律と死因究明（第2版）
── ケースで学ぶ ──

2021（令和3）年9月30日　第1版第1刷発行
2023（令和5）年9月30日　第1版第2刷発行
2024（令和6）年9月30日　第2版第1刷発行

Ⓒ編著者　田中良弘・宮森征司・
　　　　　高塚尚和
発行者　今井　貴・稲葉文子
発行所　株式会社　信　山　社
〒113-0033　東京都文京区本郷6-2-9-102
Tel 03-3818-1019　Fax 03-3818-0344
出版契約 No.2024-8175-02011

Printed in Japan, 2024　印刷物・製本 亜細亜印刷／渋谷文泉閣
ISBN978-4-7972-8175-0 C3332 ¥1800E 分類 321.000
p.232　8175-02011：012-010-005

JCOPY〈(社)出版者著作権管理機構 委託出版物〉
本書の無断複写は著作権法上での例外を除き禁じられています。複写される場合は，そのつど事前に，(社)出版者著作権管理機構（電話 03-5244-5088，FAX03-5244-5089）
e-mail: info@jcopy.or.jp）の許諾を得てください。

◆ 信山社ブックレット ◆

女性の参画が政治を変える ― 候補者均等法の活かし方
　　／辻村みよ子・三浦まり・糠塚康江 編著
個人情報保護法改正に自治体はどう向き合うべきか
　　／日本弁護士連合会情報問題対策委員会 編
情報システムの標準化・共同化を自治の視点から考える
　　／日本弁護士連合会公害対策・環境保全委員会 編
＜災害と法＞ど〜する防災シリーズ〔土砂災害編/風害編
　　地震・津波編/水害編/火山災害編〕／村中洋介
求められる改正民法の教え方―いや〜な質問への想定問答
　　／加賀山 茂
核軍縮は可能か／黒澤　満
PKOのオールジャパン・アプローチ
　　― 憲法9条の下での効果的取組／今西靖治
ど〜する海洋プラスチック（改訂増補第2版）／西尾哲茂
国連って誰のことですか ― 巨大組織を知るリアルガイド
　　／岩谷暢子
国際機関のリーガル・アドバイザー ― 国際枠組みを動か
　　すプロフェッショナルの世界／吉田晶子
経済外交を考える―「魔法の杖」の使い方（第2版）
　　／高瀬弘文

信山社

◆ 現代選書シリーズ ◆

現代ドイツの外交と政治（第2版）／森井裕一

ＥＵとは何か(第3版) ― 国家ではない未来の形／中村民雄

ＥＵ司法裁判所概説／中西優美子

ドイツ基本法 ― 歴史と内容／Ｃ.メラース 著（井上典之 訳）

環境リスクと予防原則 Ⅰ リスク評価【アメリカ環境法入門1】
　　／畠山武道

環境リスクと予防原則 Ⅱ 予防原則論争【アメリカ環境法入門2】
　　／畠山武道

環境リスクと予防原則 Ⅲ アメリカ環境政策の展開と規制改革
　　―ニクソンからバイデンまで【アメリカ環境法入門3】／畠山武道

女性差別撤廃条約と私たち／林陽子 編著

原子力外交 ― IAEAの街ウィーンからの視点／加納雄大

韓国社会と法／高翔龍

基礎からわかる選挙制度改革／読売新聞政治部 編著

社会保障と政治、そして法／中島誠

年金改革の基礎知識（第2版）／石崎浩

人にやさしい医療の経済学―医療を市場メカニズムにゆだねて
　　よいか／森宏一郎

首都直下大地震から会社をまもる／三井康壽

大地震から都市をまもる／三井康壽

信山社

【自治体の実務 1】空き家対策
― 自治体職員はどう対処する?
鈴木庸夫・田中良弘 編

〈国際シンポジウム〉住民参加とローカル
・ガバナンスを考える
宮森征司・金炅徳 編

ＡＩと分かりあえますか?
― ブラックボックスが生まれるしくみ
渡辺 豊・根津洸希 編

行政法研究　1〜57号 続刊
行政法研究会 編

医事法講座　1〜14巻 続刊
甲斐克則 編集

災害行政法（第2版）
村中洋介 著

信山社